protocolo lunar

texto dramático
para atores,
bonecos e objetos

Sonia Rangel

protocolo lunar
texto dramático para atores, bonecos e objetos

solisluna
editora

Copyright do texto e texto dramático © 2015 Sonia Rangel

Edição
Enéas Guerra
Valéria Pergentino

Design e editoração
Valéria Pergentino
Elaine Quirelli

Fotografias
Isabel Gouvêa, no Teatro Martim Gonçalves, Salvador-BA:
capa, sumário, e páginas 8, 17, 18, 25, 28, 29, 31, 32, 34, 36, 39, 40, 77, 78, 82, 86, 90, 92, 94, 95.
Fábio Pascoal, no Teatro Luiz Mendonça, Recife-PE:
páginas 26, 35, 81, 85.

Revisão do texto
Cleise Mendes

Dados Internacionais de Catalogação na Publicação (CIP)
Marília Lessa dos Santos CRB-5/1775

792
R156p   Rangel, Sonia
 Protocolo lunar: texto dramático para atores,
 bonecos e objetos. /
Sonia Rangel. Salvador: Solisluna, 2015.
96 p.; Ils.

ISBN 978-85-89059-71-8

1. Teatro - Literatura - Bahia. 2. Teatro de Animação.
3. Dramaturgia - Criação. I. Título.

CDU 792

Todos os direitos desta edição reservados à Solisluna Design Editora Ltda.
55 71 3379.6691 | 3369.2028 editora@solislunadesign.com.br
www.solislunadesign.com.br www.solislunaeditora.com.br

Contato com a autora:
sonialrangel@gmail.com

Como nos ensina Bachelard: "Levanta-se voo contra a gravidade, tanto no mundo dos sonhos como no mundo da realidade." Assim, pelo Quintal do Mundo em *Protocolo Lunar, in memoriam*, à minha avó paterna, Dona Sebastiana Rangel, este texto é dedicado. Num tempo breve e intenso com ela convivi até os quatro anos de idade, aprendendo muito com seu modo maravilhado e atento de escutar crianças e bichos.

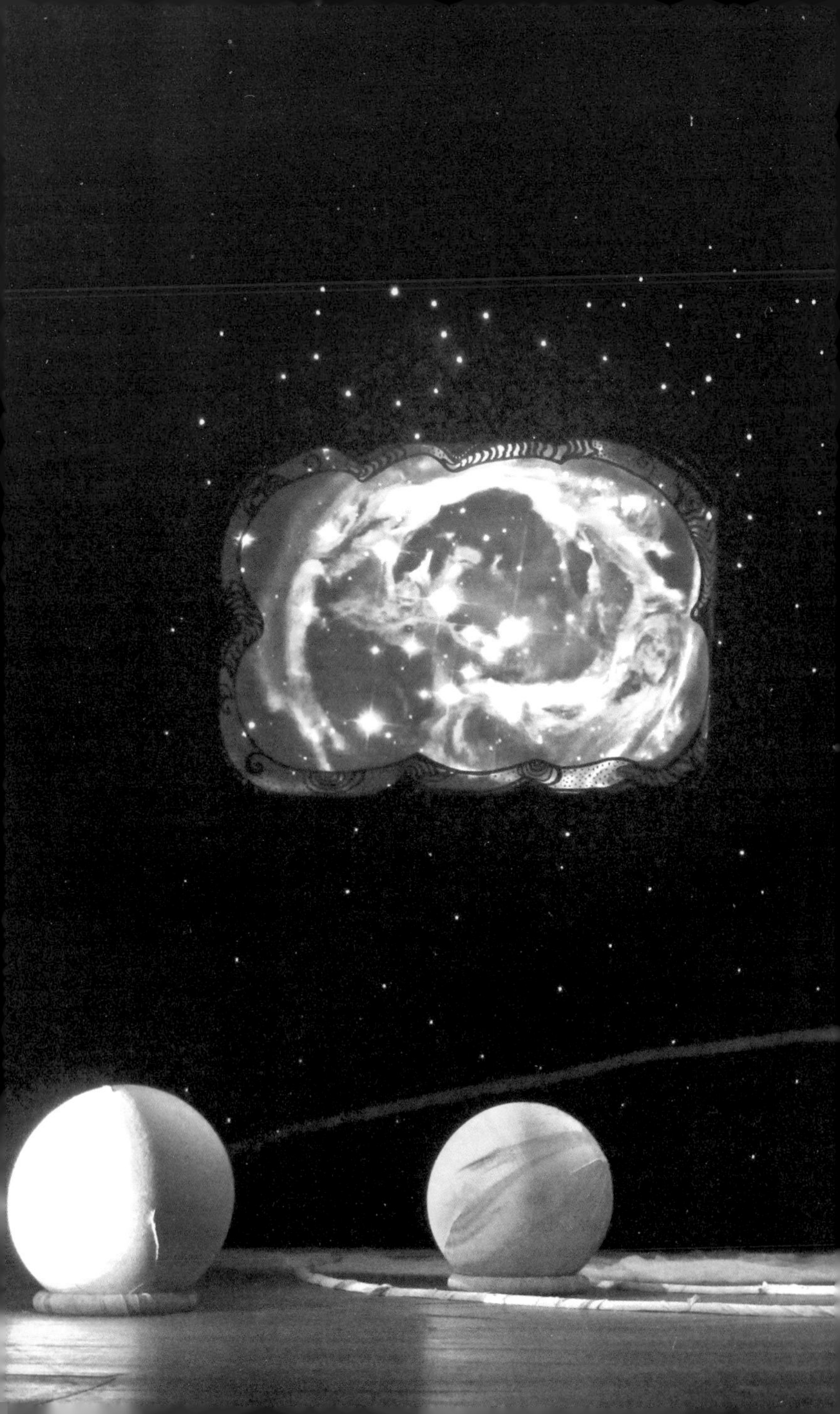

Sumário

11 Aqui dentro, no Quintal do Mundo
  Cleise Mendes

19 Os protocolos teatrais e poéticos de Sonia Rangel
  Valmor Níni Beltrame

27 Memória-Acontecimento do Grupo Os Imaginários

33 Uma fábula entre a Terra e a Lua

36 Um processo colaborativo

38 Texto dramático Protocolo Lunar

79 Entrevista sobre a concepção da luz

87 Referências

91 Breve currículo do Grupo Os Imaginários

93 Ficha técnica nas temporadas do
  Prêmio Funarte Myriam Muniz

Cenário de abertura
do espetáculo

Senhora Veredê

Agradecimentos

Agradeço de coração a todos que aceitaram colaborar em algum momento desta longa aventura criativa, pois sem estes colaboradores, a encenação, *corpus* fundador e meta desta dramaturgia, não teria se revelado, mantido e também se modificado com seus rastros e registros de temporadas diversas. Mas não posso deixar de aqui destacar alguns agradecimentos especiais, diretamente ligados à publicação deste livro.

A Isabel Gouvêa, amiga e parceira de muitos momentos, artista que admiro, pela generosa concessão de suas inspiradoras fotografias, pois muito colaborou no registro e divulgação ao longo deste percurso criativo, aqui pela permissão de incluir suas fotos compondo com o texto dramatúrgico.

A Fabio Pascoal, nosso competente e amável produtor na cidade do Recife, pela realização de registro fotográfico da encenação no Teatro Luiz Mendonça e pela permissão de incluir suas fotos nesta edição.

A Yarasarrath Alvim Pires do Carmo Lyra, que, pelo misto de competência e delicadeza, tornou-se indispensável amiga e parceira, além de assistente de criação e de produção. Como artista e educadora, principiou seu diálogo com o Grupo Os Imaginários e com a minha pesquisa desde a graduação, em plano de iniciação científica e trabalho de conclusão de curso; concluiu seu Mestrado em Artes Cênicas no ano de 2014 e permanece atuante no grupo como artista pesquisadora, seus projetos possuem temas pertinentes ou derivados de *Protocolo Lunar*, colaborou intensamente para a criação e produção da encenação e ainda colabora para seu registro em processo e suas publicações.

Também agradeço aos alunos da graduação à época: Camila Guimarães, Heyder Stephano de Oliveira Moura, Isis da Silva Fraga, Jeane de Jesus Santos, Juliana dos Santos de Sá, Rita Pereira Mendes da Rocha, especificamente pela oportunidade do diálogo na orientação nos temas de seus planos de iniciação à pesquisa, ou de trabalhos de conclusão de curso, pelas aproximações com o contexto da minha pesquisa muito me estimularam a continuar, colaborando também para registro e sistematização de processos e de publicações derivadas de *Protocolo Lunar*.

Ao Professor Níni Beltrame, especialista e pesquisador do teatro de animação, por gentilmente aceitar meu convite e realizar o prefácio.

A Cleise Mendes, minha mestra de todos os tempos, pelo trabalho de revisão, pelo texto de apresentação e pelas muitas sugestões que sempre recebo na convivência criativa.

À editora Solisluna, que admiro pelo esmero e qualidade na arte do *design* gráfico, pelo diálogo estimulante com que tem acolhido meu trabalho e por mais esta parceria.

Aqui dentro, no Quintal do Mundo

Em *Protocolo Lunar* os temas, motivos e procedimentos que animam as obras anteriores de Sonia Rangel reencontram-se na tessitura de uma escrita nomeada pela autora como "dramaturgia contingente", feliz expressão para indicar o caráter processual dessa urdidura de teatro e poesia, da qual a encenação é "fundamento e meta". Artista da palavra, da cena, da visualidade, Sonia alimenta sua fábula cênica com elementos colhidos em diferentes campos de signos e em diferentes registros técnicos. Atores e formas animadas, artesanato e tecnologia audiovisual, palavras que agem e coisas que "falam", tudo nesse espaço de jogo se põe em movimento para tratar as fronteiras como linhas flexíveis que podem ser moldadas, rabiscadas, reescritas.

O motivo dramatúrgico para fazer contracenar esses elementos é a situação arquetípica do encontro entre mestre e aprendiz, entre aquele que "carrega" o saber, a experiência (aqui figurada teatralmente nas trouxas da velha Domingas) e aquele que detém todas as perguntas. Mas em *Protocolo Lunar* essa cena modelar é invocada para ser logo em seguida rasurada, redesenhada em seus contornos de referência. Porque o que a velha Domingas tem a oferecer à sua jovem interlocutora não é alguma verdade proverbial, alguma lição a ser transmitida e acatada, é simplesmente o convite para "brincar de poesia" e ouvir histórias contadas "por quem não viu, mas imaginou." Essa liberdade para pescar sentidos, lançar redes colhendo fatos e fantasias, permite a leveza do diálogo que, longe do didatismo sizudo, vai moldando um saber compartilhado, saber que tem o sabor da curiosidade e da aventura.

Concorre também, para a fluidez dessas trocas verbais, certos traços de composição poética, como o recurso ao paradoxo, ao *nonsense* e ao seu vizinho próximo, o humor. Como quando a menina Lúcia explica seu "pensamento científico": sua fantasia infantil de que o Sol, à tardinha, cansado de queimar e brilhar, mergulhava no horizonte, resfriava-se tomando um banho de mar e reaparecia vestido de Lua. A menina acredita que depois de ter aprendido "a verdade sobre o Sol e a Lua" tornava-se inútil sua fábula do astro travestido. Mas a sabedoria sem idade de Dona Domingas vem lhe lembrar que as cenas plasmadas pela imaginação guardam uma percepção de mundo que não se esvai diante do "peso" dos fatos. Afinal, ela viveu sete mil anos (uma cifra que nomeia o incontável, assim como "mil e uma noites") mas carrega uma biblioteca de apenas sete volumes (outro número misterioso e inexato) pois sabe que "Se alguém quer viver muito feito eu, não pode carregar peso".

Esse trecho de diálogo contém o gérmen de uma ideia que floresce em todo o texto, conferindo-lhe unidade temática, como um fio que mantivesse unidas as referências vindas de diferentes campos de discurso. *Protocolo Lunar*, entre muitas outras coisas, é uma espécie de fábula sobre o conhecimento: como ele se forma, como flui no corpo a corpo de sensibilidades, como impele os moinhos de razão e desrazão, como transita nas relações entre o eu e o mundo. Sob o pretexto de um diálogo entre duas idades, entre estações de um eu que se interroga, no mesmo gesto em que interroga o mundo, essa "aula" improvável e de utilidade suspeita convida a menina Lúcia, e através dela a todos nós, a apostar num saber nascido da *poiesis*, que não trata os devaneios individuais e os mitos coletivos, que transformam o desconhecido em narrativas, domando-o, como antagonistas do pensamento científico.

Os livros que compõem a biblioteca de Dona Domingas não constituem um saber apartado da vida; eles se confundem com os objetos do cotidiano, com "as muitas formas de ler e aprender o mundo" e essas formas tomam feição concreta de livro-bola, livro-sandália... Nesse cosmos, que foi inventado, logo existe, a história do Jardim do Éden ou a do *Big Bang* podem conviver como versões narrativas das nossas origens, e assim as manchas na Lua tanto podem ser lidas/sonhadas como a imagem de São Jorge vencendo o dragão ou o derradeiro pouso da Senhora Veredê, personagem de uma história de amor desencontrado. Pois a visão de conhecimento que essa narrativa toma como motivo recorrente é inclusiva, compreensiva: a descoberta do mundo nasce da cumplicidade entre sentimentos, pensamentos, sensações, mitos e descrições científicas, acolhendo objetos que falam como livros e pedras que se apaixonam por flores.

Como texto para a cena, *Protocolo Lunar* se inscreve em uma linhagem de escritas dramatúrgicas a que venho chamando de *dramaturgia lírica*, uma forma híbrida de texto dramático, destinado à ação, ao jogo cênico, mas claramente estruturado por estratégias líricas. A partir da experiência pioneira de Augusto Strindberg em suas peças oníricas (como *Rumo a Damasco*, *O Sonho*, *A grande estrada*), essa tendência de composição dramatúrgica toma diferentes caminhos, combinando-se a outros gêneros discursivos, em modalidades como o "drama de estações" expressionista (*Stationendrama*), o teatro pânico de Arrabal, os rituais cênicos de Jean Genet, o humor e o *nonsense* dos absurdistas, e desdobra-se em inúmeras novas configurações no curso da dramaturgia contemporânea.

Como traço comum a escritas tão diversas, a ação do lírico dissolve o rigor de certas convenções dramáticas, alicerçadas no conflito e na progressão da intriga. Para isso, uma de suas vias principais é a eleição do universo onírico como repertório de fabulações, imitando o trabalho do sonho em suas condensações e deslocamentos de imagens, sua lógica aparentemente insensata. Mas o sonho, no drama lírico, não é apenas um tema ou um fenômeno vivido individualmente por uma personagem, como é comum ocorrer, tradicionalmente, na ficção dramática ou narrativa; ele aí se torna uma possibilidade de composição para o todo da obra, um modelo de experiência livre das coerções de causalidade e verossimilhança, uma outra forma de ação.

Ao tomar como um de seus materiais de construção as ficções cosmicômicas de Ítalo Calvino, o texto de Sonia Rangel já desenha sua vocação onírica, sua liberdade para lidar com as referências de tempo, espaço e ação. A partir daí, essa tendência se irradia e molda as escolhas formais. Em vez do conflito, uma ocasião para celebrar tantos saberes acolhidos, um jogo de "gaia" aprendizagem; em lugar de uma intriga, o encaixe de narrativas, os lances de espelhamento entre o alto e o baixo, a terra e o céu, o desdobramento de seres que agem entre o agora da enunciação e o então do enunciado, com direito a duplos de personagens, atores e bonecos. Nesse teatro íntimo, que acolhe o inconsciente de nossas narrativas, o onde é o "quintal do mundo", projeção do palco subjetivo, do espaço interno onde o sujeito lírico faz seu trânsito para o *habitat* cosmológico; o quando é qualquer curva da espiral do tempo, um instante que pode repetir-se fora dos calendários. "Até qualquer noite!", diz Lúcia, despedindo-se de Dona Domingas.

"Quem está dentro de quem, quem é memória de quem?", indaga a autora, no texto de apresentação da peça. O que vemos aí é que a arquitetura do sonho empresta a esse cosmos cênico sua liberdade de performar imagens e relações, em vice-versas de passado-presente, criança-velha, Terra-Lua. Se considerássemos, por exemplo, a aparição de Dona Domingas e das figuras animadas por sua narrativa como "um sonho de Lúcia", faríamos uma leitura reduzida à tentativa de naturalizar e impor limites a essa modalidade de ficção híbrida, lírico-dramática. Em *Protocolo Lunar* sonhamos todos, inclusive o cientista que "explica" como uma Terra bebê pôde tornar-se a mãe da Lua... Então, se "era uma vez" a Lua esteve tão próxima da Terra, como garantem os homens da ciência, por que não subir até lá por uma escada e colher o leite bom dessa grande teta cósmica? Nas dobras do imaginário, a explicação científica e o devaneio infantil não conflitam, somam-se na tarefa de sonhar os limites de nossa casa desconhecida, de figurar os possíveis de um universo que ultrapassa nosso entendimento.

Encenado pelo grupo Os Imaginários, *Protocolo Lunar* levou essa fantasia cênica a seus já milhares de espectadores, em diversas temporadas, mostras e festivais. Agora, com sua publicação em livro, o texto se oferta à encenação virtual que todos nós produzimos no ato da "simples" leitura. Cada um poderá percorrer seu quintal particular, conectá-lo a esses amores e estrepolias cósmicas, e descobrir que o "mundo da Lua", antro de loucos e crianças, nada mais é que nosso palco interno, um tablado de sonho onde o desejo está sempre a dançar.

Cleise Mendes

Menina Gisele brinca sobre a Terra

Dona Domingas (Sonia) narrando em cena

Os protocolos teatrais e poéticos de Sonia Rangel

Desenho, pintura, poesia, pesquisa, atuação cênica, direção teatral, ensino e extensão, performance, dramaturgia, produção de imagens em movimento e junto a tudo isso, teatro de animação. Nos últimos anos Sonia Rangel tem se dedicado a esta forma de expressão teatral e a presente publicação é resultado de parte de suas descobertas, aventuras cênicas e realizações com os integrantes do Grupo Os Imaginários. O livro contém o texto dramático de sua autoria, *Protocolo Lunar*, entrevista realizada por Camila Guimarães e o texto *Memória-Acontecimento do Grupo Os Imaginários*.

É importante frisar que esta produção artística está intimamente ligada com a sua atuação na Universidade Federal da Bahia – UFBA, envolvendo estudantes de diferentes níveis de ensino, numa prática em que a pesquisa alimenta as ações de extensão e estas, por sua vez, contribuem para redefinir a pesquisa, o que resulta na melhor qualificação do ensino oferecido. Com seu trabalho a artista professora confirma uma prática que hoje tem adeptos em muitas Universidades, a junção da pesquisa artística e do trabalho acadêmico com atividades que se complementam e fortalecem a produção teatral em diferentes regiões do país.

No Brasil ainda são raras as publicações de dramaturgia em que se registra a presença de personagens bonecos ou objetos. Por isso, a iniciativa de Sonia já merece reconhecimento. No entanto, o texto *Memória-Acontecimento* e a entrevista incluída neste livro dão maior relevância à publicação. Aliás, os três textos se complementam porque compartilham com o leitor os caminhos percorridos durante a encenação do espetáculo e a (re)escritura do texto dramático. Eles oferecem uma estimulante visão sobre o processo de criação, fases do trabalho até chegarem à montagem de *Protocolo Lunar*.

É possível perceber que a diretora e dramaturga Sonia estimula os integrantes do Grupo a mergulharem no processo criativo e ao mesmo tempo a exercitarem a sistematização das etapas nele vividas; a apropriação de conhecimentos específicos como a confecção de bonecos e de objetos é vivenciada como atividade artesanal em que o detalhe, o cuidado e o acabamento são exaustivamente buscados e elaborados com ênfase na experimentação de materiais e suas possibilidades expressivas; a construção das personagens já inicia neste momento, o de confeccioná-las com as mãos, para posteriormente praticar o ir e vir entre a cena e a oficina; estas etapas indissociadas vão moldando a encenação e definindo as características das personagens. A trajetória de *Protocolo Lunar* aponta a existência de uma micro-poética resultado do trabalho processual agregador de variadas aptidões e saberes que contribuem para a construção da identidade do Grupo Os Imaginários.

Desde o final dos anos de 1970, quando o Teatro de Bonecos começou a ser praticado de modo mais profissional no Brasil, essa arte vem passando por profundas mudanças, o que ocasionou a preferência pela denominação de Teatro de Formas Animadas ou Teatro de Animação. O ator-animador deixou de trabalhar escondido atrás de tapadeiras, de biombos ou de empanadas que impedem o público de ver como ele atua; estas mudanças nos espaços de atuação resultaram na criação de dramaturgias inusitadas que romperam com as formas tradicionais de concepção e escrita teatral; a exploração de diferentes materiais tanto para a confecção de bonecos e objetos quanto para a construção de novos sentidos na cena passaram a ser uma preocupação no trabalho de inúmeros grupos de teatro. É possível perceber que hoje a criação de espetáculos de teatro de animação incorpora vários recursos, linguagens, procedimentos que o tornam heterogêneo, híbrido, distanciando-o dos códigos e registros pertencentes às formas tradicionais do teatro de bonecos. A dramaturgia de *Protocolo Lunar* exemplifica essa tendência, a de que o teatro de animação caminha numa direção que o aproxima de outros campos das artes cênicas, das artes visuais, do cinema e das novas tecnologias. Mas é importante destacar que Sonia Rangel faz isso sem a preocupação com a obediência aos novos códigos que hoje caracterizam este teatro. A artista cria e isso se evidencia quando escreve: "Como nasce um mar? Não preciso sabê-lo para navegar suas correntes de encantamento". Se os códigos se apresentam como uma espécie de língua ou vocabulário eles servem apenas de referência, porque o texto dramático e os relatos da encenação aqui publicados deixam claro que ela os recria, os reinventa, o que também se confirma quando diz: "*Protocolo Lunar* nasce de uma dramaturgia contingente, pois construída a cada passo, gesto, fala, leituras-sensação de corpo-imagem, foi e voltou à cena, foi sendo, vai sendo, de meu teatro interior ao teatro do mundo, ao que em coletivo fiz, na sala de ensaio, nas temporadas, ao que ainda faço agora ao entregar esta nova possibilidade de configuração para outros leitores e leituras."

Outra faceta que caracteriza a dramaturgia de *Protocolo Lunar* é a intertextualidade. Trata-se de um procedimento que busca, em fontes existentes, os dados e elementos que fazem parte do texto ou da cena. Do ponto de vista da dramaturgia, consiste em recolher pequenos trechos de textos de outros autores, nem sempre textos dramáticos que agregam sentidos e valiosas contribuições à dramaturgia. Sonia Rangel cria a unidade que o texto e a cena exigem assumindo a posição de "coletora", se aventurando, mais uma vez, em algo que já lhe é peculiar e comum, o recurso da colagem. Quando a personagem Lúcia indaga a velha senhora Dona Domingas sobre como escreve seus poemas ela responde com contagiante desenvoltura: "alguns eu invento outros eu copiei dos livros que não pude carregar", "posso aqui acrescentar: dos livros e pessoas que não pude carregar." Sonia brinca de se misturar e de se confundir com as personagens que cria... é a pesquisadora, mas também é a menina Lúcia; é a artista visual, mas também é Dona Domingas; sua bagagem, as trouxas que carrega estão recheadas de coisas que, para muitos são inúteis, não têm serventia, mas são preciosidades recolhidas nas suas viagens, nas suas andanças por paisagens por poucos visitadas, são os protocolos da Lua, são as marcas, são as cicatrizes que a tornaram muitas, dentre elas a que acolhe, agrega as pessoas e as contagia com sua arte e seus sonhos, "uma mulher sardenta, coberta de um delicado pulverizar de pintas."

Do ponto de vista do texto, intertextualidade é compreendida como: "Todo texto se constrói como um mosaico de citações, todo texto é absorção e transformação de um outro texto"[1]. O leitor que conhece e gosta da obra de Manoel de Barros vai se deleitar ao reconhecer pitadas de sua refinada poesia presentes no texto dramático. Mas o procedimento utilizado em *Protocolo Lunar*, conforme frisado anteriormente, também se caracteriza pela interface com outras linguagens artísticas como as artes visuais, imagens gravadas/filmadas produzindo surpresas, dúvidas e encantamento no leitor/espectador. Nosso saudoso amigo, Renato Cohen (1956 – 2003), preferia a expressão "intertextualidades" (no plural), porque elas acontecem "entre a palavra, as materialidades e as imagens, nas formas antes que nos sentidos, nas poéticas desejantes que dão vazão às corporalidades, às expressões do sujeito nas paisagens do inconsciente e em suas mitologias primordiais"[2]. Sonia transita fluidamente por muitos campos do

---

[1] RÖHL, Ruth. *O Teatro de Heiner Müller*. São Paulo. Perspectiva, 1997, p. 29.

[2] COHEN, Renato. Teatro brasileiro contemporâneo: matrizes teóricas e interculturalidade. In: *Sala Preta - Revista de Artes Cênicas - ECA/USP*. São Paulo, N.1, 2001.

conhecimento e universos imagéticos. Desde a sua infância, como a menina Lúcia e até hoje, ela continua desenhando "pensamentos científicos" o que resulta no seu "teatro interior", agora mais claramente dado a conhecer.

O diretor teatral francês, Dominique Houdart, ao se referir às experimentações de grupos de teatro nos diz que muitos deles retomam as origens mais caras dessa arte: "O teatro de figura [animação] é o teatro de parte alguma, o teatro da utopia, longe de qualquer realismo, retorno às fontes profundas da teatralidade"[3]. Sonia Rangel com o seu "teatro interior" e a prática do Grupo Os Imaginários faz isso com maestria.

Protocolo Lunar é um livro recheado de saborosices que o leitor saberá degustar no silêncio do seu quarto, ou bebendo uma taça de vinho; desfrutará de suas delícias em grupo, nas coxias do teatro, durante ou depois dos ensaios ou ainda, em salas de aula. É livro para ler e reler porque nem tudo o que ele contém pode ser absorvido na primeira visada, porque está abarrotado de nuances, sutilezas e delicadezas que só a sensibilidade de Sonia Rangel pode brindar. A sua publicação enriquece não somente o teatro de animação, mas o teatro brasileiro, os nossos teatros.

Valmor Níni Beltrame
Ilha de Santa Catarina, junho de 2015.

---

[3] HOUDART, Dominique. Manifesto por um teatro de marionete e de figura. Tradução de José Ronaldo Faleiro. In *Móin-Móin Revista de Estudos sobre Teatro de Formas Animadas N.4*. Jaraguá do Sul: SCAR/UDESC, ano3, v.4, 2007, p.31.

Pérola, a Sereia entra em cena, animam: Adiel e Ruth

Primeira aparição dos personagens-bonecos no barco. Animam, da esquerda para a direita: Yarasarrath, Ruth, Adiel, Heyder, Isis e Ricardo

Memória-Acontecimento do Grupo Os Imaginários

Apresenta-se aqui o texto do espetáculo *Protocolo Lunar*, encenado pelo grupo Os Imaginários, projeto do Núcleo de Plástica e Cena, Ensino-Pesquisa-Extensão da Escola de Teatro da UFBA, com temporada de estreia no Teatro Martim Gonçalves, em Salvador e circulação pelas cidades de Salvador, Recife, Belém, Vitória da Conquista, viabilizada pelo Prêmio Funarte Miriam Muniz de Circulação. Como espetáculo convidado, participou do MUST Mostra Universitária Salvador de Teatro e do Festival Nordestino de Guaramiranga e também do Projeto Escola, atingindo mais de oito mil e quinhentos espectadores entre os anos de 2011 a 2013.

Além de ser dirigido a leitores em geral que possam ter curiosidade ou interesse pela narrativa dramática, a intenção primordial desta publicação é registrar um texto para gente de teatro e, mais especificamente, interessada em teatro de animação, não excluindo que possa ser lido e experimentado em sala de aula, e também por grupos de teatro amadores.

Considero que *Protocolo Lunar* nasce de uma dramaturgia contingente, pois construída a cada passo, gesto, fala, leituras-sensação de corpo-imagem, foi e voltou à cena, foi sendo, vai sendo, de meu teatro interior ao

Menina Gisele sobre a Terra brinca com Voador, o Peixe

teatro do mundo, ao que em coletivo fiz, na sala de ensaio, nas temporadas, ao que ainda faço agora ao entregar esta nova possibilidade de configuração para outros leitores e leituras.

Na forma dramatúrgica aqui registrada – ademais como em tudo que fiz como obra de arte – também homenageio, em surdina, aos que me são caros, referências de vida, "meus clássicos", aproximando-me de uma entre as muitas definições de Ítalo Calvino, em seu *Porque Ler os Clássicos* (2007, 10), quando diz que "os clássicos" (...) "se impõem como inesquecíveis e também quando se ocultam nas dobras da memória, mimetizando-se como inconsciente coletivo ou individual". De Calvino, além desta obra citada, assinalo dentre as principais referências inspiradoras para esta dramaturgia, o seu livro de contos

Todas as Cosmicômicas; e também do poeta Manoel de Barros, sua *Gramática Expositiva do Chão*. Incluo, então, autores e pessoas que releio. Como na fala da personagem Dona Domingas sobre seus poemas: "alguns eu invento outros eu copiei dos livros que não pude carregar", posso aqui acrescentar: dos livros e pessoas que não pude carregar. E são, paradoxalmente, os que me habitam em lastro fundo, os que, sabendo ou não, de fato me transportam, suportam e povoam meu tempo-espaço. Apontá-los ou reconhecer sua aparição em memória-acontecimento ou memória-imaginação, verdade e rigor de ficção, isso inventa, sem meu controle, o disparador de presenças

No barco menina Gisele sobe no banco, Dona Domingas interrompe leitura e olha, Capitão Veredê dorme. Animam: Yarasarrath, Ruth, Cláudio, Ricardo

desconcertantes. Como nasce um mar? Não preciso sabê-lo para navegar suas correntes de encantamento.

Nesta flutuação em devaneio entram os que amo de domínio público, misturados aos personagens anônimos ou particulares do teatro interior. Revelam-se na ação, na escrita e na leitura com os outros, insurgem-se e reaparecem na contingência dos que me acompanham no grupo com suas motivações, abrindo-me possibilidades. O que carregamos e o que nos faz co-mover (mover com) nos determina, mas é, ao mesmo tempo, contingencial, solicitado, determinado e modificado pelo encontro com os outros. Sou o que se atualiza em ato poético, passado e memória aqui não tem função de saudade, regressão, mas acontecimento, experiência, presença, estado de arte em prospecção.

Se no livro *Olho Desarmado* atualizei na confluência criança-poeta-louco lugares e pessoas, por certo eles voltam a habitar este *Protocolo Lunar*, para o qual trabalhamos considerando o diálogo entre noções de texto cênico como memória-acontecimento, improvisações na sala de ensaio, nos palcos, e de texto dramático, o registro possível em palavras e imagens, a forma literária e visual do já encenado, ou a encenar, pois a dramaturgia em *Protolcolo Lunar* surgiu neste entre-lugar, ou melhor, do ir e voltar a múltiplos lugares, potência de um *multi-corpus* gerador, contingencial, ao mesmo tempo contaminado e diferenciado. Ou seja, no texto cênico: ações, movimentos, gestos, objetos, presenças, silêncios, cores, luzes, falas e sons, e agora, seu texto dramático: registro síntese possível deste trajeto.

Do quintal para o quintal do mundo é como interpreto o fluxo central disparador desta criança-velha ou velha-criança, que no atemporal do arquétipo deixou-se abrir e brincar de propósito: espiralada a escritura assim se fez cena em cena, quem está dentro de quem, quem é memória de quem? Só cada leitor espectador responderá.

Seu Quintas é colocado por Dona Domingas (Sonia) na plateia dos bonecos onde estão sentados: Capitão, Surdo, Dona Domingas, animados, da esquerda para a direita, por Jeane, Ricardo, Heyder e Ruth.

Seu Quintas com bastão dá três batidas no chão do palco

Uma fábula entre a Terra e a Lua[1]

Os poemas sempre foram no meu processo criativo a primeira matéria de onde se originam todos os formatos de obras implicados na poética. Através dos poemas as urdiduras arte-vida fizeram seus laços e continuam a fazê-los. Estas relações, porém, não são de "ilustração", um olhar superficial não encontra o reconhecimento dessas correspondências: dão-se numa camada mais profunda e complexa, de redes temáticas, urdiduras espaço-temporais da poética, imagens percebidas e transformadas em matéria geradora de novas obras.

Uma reflexão é produzida pela necessidade de compreender o próprio caminho da criação individual e coletiva, como tema das obras e como "método" de trabalho para os artistas envolvidos. As IMAGENS, então, material direto para o poeta, o ator e o pintor, compõem unidades primordiais, o princípio da obra em seu jogo de vir-a-ser, existir e operar numa rede de conexões em diversas formas e formatos. A lógica dessa urdidura em fluxos é o que me permite explorar e extrapolar linguagens, técnicas e

---

[1] *Uma fábula entre a Terra e a Lua* e *Um processo colaborativo* são textos transcritos do programa da peça nas temporadas do Prêmio Funarte de Teatro Myriam Muniz. Ao final deste livro encontram-se ficha técnica, mais um breve currículo do grupo Os Imaginários e uma entrevista de Sonia Rangel, concedida a Camila Guimarães, sobre a concepção da luz em *Protocolo Lunar*.

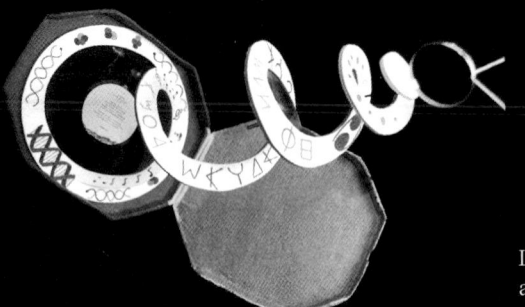

Livro cênico aberto

estéticas sem, no entanto, as desconsiderar. O espetáculo *Protocolo Lunar* integra um ciclo de obras, vinculadas ao meu terceiro livro *Olho Desarmado: objeto poético e trajeto criativo*, lançado em dezembro de 2009, em Salvador, pela editora Solisluna. É também o terceiro espetáculo do grupo Os Imaginários que, para a sua realização, vem pesquisando, na Escola de Teatro da Universidade Federal da Bahia, estratégias cênicas com atores, nas interfaces com Teatro de Imagem, de Objetos e de Animação. A pesquisa envolve todas as etapas criativas, da concepção à encenação.

O espetáculo se configura como uma fábula, pois as imagens têm papel importante na narrativa. A atmosfera criada pelo espaço cenográfico sugere ao mesmo tempo um "cosmos" e um "quintal do mundo" para conter narrativas superpostas com atores, bonecos, objetos e cenas filmadas projetadas num telão. Neste lugar imaginário, luzes coloridas vão transformando a ambiência na qual duas personagens se encontram: uma velha e uma menina. Velhice e Infância em suas atemporalidades, como arquétipos da vida, é que dão suporte ao brincar destas personagens. Entra-se na história pelo meio, a origem desta amizade não se conta na peça. A grande curiosidade da menina Lúcia pelo conhecimento das coisas se estende também em querer entender o que é a poesia, sua insistente pergunta. A velha, Dona Domingas, carrega uma biblioteca inusitada em suas malas e desta biblioteca vai retirando pedaços de realidade e de poesia. No seu pergaminho *Protocolo Lunar* se conta sobre a Lua: origem, ciência, poesia e também uma desconcertante história de amor que é narrada na peça.

Orquestra, formada pelos músicos e trupe de atores, produz toda a sonoridade do espetáculo. Cena inicial quando tocam para receber o público: da esquerda para a direita, sentados na frente: Ricardo, Adiel, Ruth, Isis; em segundo plano: Heyder e Cláudio de pé; sentados: Zé de Rocha e Thales.

Um processo colaborativo

Abrigado pela Escola de Teatro e pelo Núcleo de Plástica e Cena, o Grupo Os Imaginários se define enquanto ensino-pesquisa-extensão a partir de um lugar institucional permanente, pelo meu vínculo de professora orientadora, mas aberto, pois acolhe artistas pesquisadores em suas passagens e interesses contingenciais como professores, alunos ou ex-alunos dos cursos de graduação e de pós-graduação das Escolas de Teatro e de Belas Artes da UFBA. A minha coordenação tem se mantido, mas os participantes e colaboradores ciclicamente variam. É desta natureza estável-instável que nasce o procedimento grupal, amparando a pesquisa, na qual estão também incluídas a criação e a manutenção deste atual espetáculo. As funções têm sido assumidas por disponibilidades e competências

Troca de Presentes
entre menina Gisele
e Pérola, a Sereia

pessoais, mas todo o percurso é socializado, debatido em processo de trocas. Assim foi com todos os elementos da cena, desde a criação dramatúrgica que assino, tendo o privilégio de propor leituras, acatar sugestões, retornar ao grupo, em muitas idas e vindas, até a fixação do texto cênico como espetáculo.

Por causa disto, não posso deixar de assinalar importantes contribuições criativas de participantes que, por variados motivos, não nos acompanham neste atual trajeto. Rita Rocha, atualmente já formada em Direção Teatral, exerceu papel fundamental no grupo, sua delicadeza e firmeza, seu olhar criativo por longo período, principalmente em parceria na codireção, trouxe valiosas contribuições, que continuam presentes neste espetáculo.

Assinalo também as participações de Yohanna Marie Assumpção, como assistente de direção, de Jeane Sánches como atriz animadora e das atrizes que já interpretaram o papel da menina Lúcia, Juliana de Sá, Vera Pessoa e Manhã Ortiz. Um pouco da menina atual, com certeza incorpora e modifica o que estas outras "meninas" nos legaram.

Minha gratidão aos que aceitaram o convite para as atuais substituições: Enjolras Matos em codireção, Camila Guimarães, no papel da menina Lúcia e Marcus Lobo na operação da luz, o que faz deste espetáculo o mesmo, mas também "um outro" renovado por todas as contribuições criativas que se acrescentaram neste percurso viabilizado pelo Prêmio Funarte de Teatro Myriam Muniz.

Texto dramático Protocolo Lunar[1]

Personagens

Atrizes
Dona Domingas, *uma velha*
Lúcia, *uma menina*

Personagens-Bonecos

Dona Domingas, *um duplo da personagem atriz*
Seu Quintas, *irmão gêmeo de Dona Domingas*
Capitão Veredê, *o dono do barco*
Senhora Veredê, *mulher do capitão Veredê*
Surdo, *um primo*
Gisele, *uma menina*
Voador, *um Peixe*
Pérola, *uma Sereia*

---

[1] Trata-se de um texto dramático proposto para ser encenado com atores e estratégias do Teatro de Imagem e do Teatro de Animação, tais como: cenas com animação de personagens-bonecos e/ou de objetos; cenas filmadas e projetadas, ou edição de imagens sobre o Céu e o Cosmos; Teatro de Sombras; Teatro Negro, etc. Em planos paralelos ou cenas--comentário, cenas com a utilização destas técnicas, ou como balões de histórias em quadrinhos, articulam-se às ações narradas pelo diálogo entre as duas personagens atrizes.

Voador, o Peixe

O espaço sugere ao mesmo tempo o Cosmos e um Quintal do Mundo. Recomenda-se música ao vivo, uma sanfona e um violão acompanhados por sonoridades vocais e instrumentais que poderão também ser executadas pela trupe de atores. Ao fundo, à esquerda do espectador, situa--se um telão para projeções em vídeo, como um balão de pensamento das histórias em quadrinho, superposto sobre uma rotunda que configura o Céu estrelado. Compõem ainda o cenário: uma grande espiral evocando Terra, Mar e Céu; um barco, com escada portátil, palco das ações dos personagens-bonecos, visível ao alto, suspenso pelo urdimento ao início, descerá em cena um pouco antes de todos os personagens-bonecos serem nomeados pela velha, sendo novamente suspenso antes do final da peça; três esferas infladas forradas: uma pendurada, configurando a Lua no Céu e duas para serem manuseadas no chão do palco como Terra e Lua; dois cubos de espuma ou inflados, forrados, para dar a ideia de trouxas, como bagagem da velha, mas também objetos de apoio para outras ações cênicas.

Cápitão Veredê
atuando no barco

(Voz em gravação antes da cena inicial.)
Quando ela era muito pequena e o mundo doía difícil
Inventou sem saber um exercício de proteção
Que à noite repetia como brincadeira-mantra
Deitada no chão do quintal:
"Olhava-se" de uma estrela
A menor que com nitidez sua vista alcançasse
E então
Dessa estrela ela se via do tamanho de uma formiga
A sua dor de desentendimento do mundo ficava assim tão pequena
Que desaparecia
Quando exagerava na lente ela mesma desaparecia

Ficava mudo mundo vazio instantâneo infinito

Era bom e difícil: um único botão produzia foco reduzia ampli-ficava
Na repetição de novo se recapturava: gente menina formiga
Depois dessa brincadeira-mantra era mais fácil dormir
Na sua lógica dava para inverter de lugar até enquanto ela visse a estrela
A estrela também a veria

Lembra ser este um dos seus treinamentos mais antigos para poesia

Dona Domingas entra em cena com sua bagagem. Após arriar seus pertences no espaço, olha a Lua com uma luneta. Logo após, Lúcia entra brincando e se distrai também em olhar o Céu com um binóculo que traz. Durante esta distração, a menina vê Dona Domingas e reage naturalmente como se brincassem juntas há muito tempo neste Quintal do Mundo e fosse comum a velha surgir dentro da brincadeira da menina.

Lúcia
Você hoje chegou bem cedo, como vai?

Domingas
Eu vou bem e você?

Lúcia
Ih! Para que serve tudo isso?

Domingas
Ah como lhe prometi, tudo o que trouxe
hoje é somente para brincar de poesia.

Lúcia
E para que serve poesia?

Domingas
Bem, é engraçado, mas para a poesia as coisas
melhores são as que não têm serventia.

Lúcia
Mas ser melhor já não é uma serventia?
Como que eu posso medir para saber de fato
o melhor? E onde fica a poesia?

Domingas
Só compreendi isto bem depois, quando peguei o
vício das inutilidades. (*A velha vai retirando coisas da*

bagagem e colocando na cratera, serão também objetos que vão contar as histórias em cena.)

Lúcia
Sempre quis saber o que é poesia. Ah, me lembro do "Pássaro Cativo": "é que, criança, os pássaros não falam, gorjeando apenas sua dor exalam, sem que os homens os possam entender", Olavo Bilac, você conhece? Decorei para recitar na escola, a professora mandou ler.

Domingas
E justo porque você ainda lembra agora que não tem mais utilidade? A professora não está aqui, você não tem que ler. Por que você lembra?

Lúcia
Sei lá, acho que decorei porque havia um homem capaz de conversar com um passarinho, no caso esse aí, o Olavo Bilac, o poeta, acho que foi por isso. Porque eu também de vez em quando converso com passarinhos.

Domingas
(*Aqui os objetos já foram todos retirados.*) Eh... Faz bem uma cratera aberta. (*Pausa.*) Poesia não é para compreender, mas para incorporar. Você incorporou.

Lúcia
Como incorporou? Continuo sem entender direito essa tal de poesia.

Domingas
Uma tarde quando eu estava dormindo as formigas me carregaram até as bordas de um lago: amanheci num lugar totalmente lindo e desconhecido.

Lúcia
(*Com certa impaciência e desdém.*) Ah essa história você já me contou. (*Logo se arrepende.*) Mas pode contar de novo.

Domingas
Certa vez, na minha frente, apedrejaram um homem, só porque ele entrara para sempre na prática da Lua. Aí me mandei. Só deu mesmo para pegar o mais importante.

Lúcia
E o que você fez?

Domingas
Vim para este lugar sem pedras, há mais ou menos sete mil anos estou aqui, de lá para cá tenho me dedicado de corpo e alma às viagens e às coisas inúteis.

Lúcia
Sete mil anos? Então você é a pessoa mais antiga do mundo. E antes? Você nunca fala do antes.

Domingas
Nessa cratera à toa cabe tudo o que eu preciso: a luneta, as lentes, minha biblioteca... Inclusive meus cadernos de poemas.

Lúcia
Você escreve poemas!?

Domingas
Alguns eu invento. Outros eu copiei de livros que não pude carregar.

Lúcia
Mas é isso o que eu quero aprender. Onde fica a poesia? Seus livros são tão esquisitos. Dá para ler? São de poesia?

Domingas
Quase isso. Tudo o que usa o abandono por dentro e por fora, serve para a poesia. (*Pausa.*) A ciência tem muito disso. Primeiro, pega, depois de certo tempo vê de outro jeito, abandona, joga fora, aí os poetas pegam.

Lúcia
Eu também desenho pensamentos científicos.

Domingas
Como assim?

Lúcia
Eu invento pensamentos sobre as coisas do mundo, por exemplo: quando eu era pequena, quer dizer... menor, eu pensava de verdade que o Sol, brilhante e muito quente, tinha um horário para ele descansar, nessa hora ele passava por baixo do Mar, esfriava e subia vestido de Lua, depois ia se enxugando da água fria do Mar. Quando estava todo sequinho já era dia, virava Sol novamente. Esse pensamento científico durou até eu saber a verdade sobre o Sol e a Lua.

Domingas
Esta sua invenção não acabou, ela é uma história, ela é digamos assim um livro que pode nascer, é um teatro no Céu, você acabou de me contar. Um Sol toma banho de Mar e se veste de Lua, é bem linda a sua história, menina!

Lúcia
Não sabia que alguém poderia gostar dela, aliás, nem achei que fosse uma história. (*Pausa.*) Engraçado, com você eu me descubro. Isto não acontece com mais ninguém. (*Pausa.*) Hoje você trouxe mais coisas do que nos outros dias.

Domingas
Tem razão. Tudo aqui deste lado é comunal, faz laço com o mundo. Aqui os cadernos de poesia. Os pertences de uso pessoal ali naquelas trouxas. Mas aqui está o melhor: minha imensa biblioteca com seus sete volumes. Volume I: (*Apontando para o livro-bola.*) **A Criatura sem o Criador, ou Todas as lições desde que o mundo é mundo.**

Lúcia
Mas essa bola pendurada também é livro?

Domingas
Sim. Há muitas formas de ler e aprender o mundo. Aqui está o Universo compactado com sua história registrada por mim e por meu irmão gêmeo, pois vimos tudo desde o início. E contada também por quem não viu, mas imaginou.

Lúcia
Quando é que eu vou conhecer seu irmão? Sou filha única. Deve ser bom ter irmão.

Domingas
Meu irmão tem memória melhor que a minha, nem precisa carregar biblioteca. Veja só. (*Abre e "acende" o livro bola, uma esfera que se abre ao meio, com luzes e contas saindo de dentro.*)

Lúcia
Puxa! É lindo, e como se lê? É a história do Jardim do Éden ou é a do o *Big Bang* das estrelas?

Domingas
Não, aqui estão todas as versões! Cada conta dessas é uma frase. E são muitas as formas de ler. Você depois

de saber é que escolhe. (*Guarda o livro-bola e pega na mala outro volume.*) Mas tenho outros volumes dentro desta mala. Este aqui o Volume II: **Retrato de artista quando coisa**. Fala do coração dos poetas, quando pela primeira vez uma criatura descobre o que é poesia. Veja como se abre. (*A menina tenta pegar, a velha não deixa.*) Não, dia desses posso lhe emprestar.

Lúcia
É o que eu não consigo entender. Essa tal de poesia e nem como se aprende.

Domingas
Este é um volume dos que mais gosto. Volume III: **29 Escritos para o conhecimento do chão através de São Francisco de Assis**. Com este livro estudo o Perdão. (*Entrega a Lucia o livro-sandália.*)

Lúcia
Estudar Perdão? E para que serve? (*Abre desajeitada e se assusta com as páginas-palmilhas que caem de dentro.*) Oh... Perdão.

Domingas
(*Divertindo-se com o susto da menina*) É assim mesmo, vou mostrar como se fecha e abre. Se alguém quiser viver muito feito eu, não pode carregar peso. Perdão é viver leve feito beija-flor, é exercício de pura leveza.

Lúcia
Mas eu ainda sou bem leve, sou pequena. Só peso 39 quilos!

Domingas
Aqui se trata de outro peso, um peso de dentro, percebe? Não é o de fora. (*Pausa.*) Preciso lhe mostrar

agora meu livro andarilho. Este Volume é o **Protocolo Lunar**. Se não, eu volto a virar comida da Lua.

Lúcia
Como assim comida da Lua?

Domingas
Essa é uma longa história. Meu irmão gêmeo tem um amor que ficou na Lua. Eu e ele vimos quando a Lua nasceu, sabemos como foi. Mas em cada tempo e em cada lugar se conta de um jeito. Neste livro se conta tudo sobre a Lua. Quer ouvir?

Lúcia
Quero. Leia um pouco para mim.

Domingas
Foi de uma colisão que a Lua nasceu. Eu assisti. (*Procura e lê no livro cênico um extrato.*) Poeira das Estrelas segundo o físico Marcelo Gleiser: "Talvez tenha sido a colisão mais violenta de toda a história da Terra: estima-se que um planeta do tamanho de Marte chocou-se enviesado com a Terra bebê, tirando--lhe um enorme pedaço. Os detritos deslocados pela colisão entraram em órbita em torno do nosso planeta, formando um anel parecido com o de Saturno. Aos poucos, as partículas do anel foram se agregando, agregando… e a massa foi crescendo cada vez mais, até formar um corpo esférico, a nossa Lua".

Lúcia
Já sei, é uma bolona então que foi arredondando de um anel colando um bocado de pedrinhas.

Domingas
É mais ou menos isso. (*Continua a leitura.*) "Tal como no Gênesis, segundo o qual Eva nasceu da costela de Adão, nossa Lua nasceu de um pedaço da Terra. Só que esse pedaço de rocha não foi arrancado pela mão de Deus, mas por um impacto de violência tremenda.
A Lua é feita das vísceras da Terra primordial. Quando olhamos para ela, estamos olhando para o passado do nosso planeta".

Lúcia
E o buracão que ficou na Terra? Pra onde foram as pessoas?

Domingas
Nesse tempo não existia assim todo mundo não, mas eu estava lá, eu e meu irmão. A Terra era a criança-mãe e a Lua uma recém-nascida. Por isso ela ficava bem perto. Escute só este outro trecho: "Houve tempo, segundo Sir George H. Darwin, em que a Lua esteve muito próxima da Terra. Foram as marés que pouco a pouco a impeliram para longe: as marés que a própria Lua provoca nas águas terrestres e com as quais a Terra vai perdendo lentamente energia".

Lúcia
Puxa, então já sei, no buracão que ficou na Terra o que entrou foi a água do mar.

Domingas
Sabe que você pode ter razão, o que entrou foi muita água.

Lúcia
E este outro rolo? É sobre o que?

Domingas
É o **Labirinto das Palavras Invisíveis**, totalmente escrito no idioma de quem lê. Por isso este pergaminho pode circular sem palavras, ou até com cem palavras, pode ser lido de trás para frente, de frente para trás, de cabeça para baixo, de cabeça para cima. Quer experimentar?

Lúcia
Quero. Deixe-me ler. (*A menina inventa sua leitura das imagens do pergaminho.*) Já entendi, não tem palavras, mas é isso que está aqui. Eu acertei?

Domingas
(*A velha sempre confirmará a versão da menina.*) Claro que é. Você acertou em cheio. Preciso lhe mostrar agora meu dicionário, um **Dicionário-Orelha**. Só para ouvir a voz do mundo, (*Um grande caramujo com o qual a menina se espanta.*) se concentre, ouça. É muito usado pelos poetas.

Lúcia
(*Depois experimenta no ouvido.*) É mesmo, falam as pedras, a terra, o vento, o mar e até ouvi uns passarinhos, tudo junto.

Domingas
Finalmente **O Livro da Lata**, que por sua vez, está dividido em três volumes: o 1º **Você é um homem, uma mulher ou um abridor de lata?** ; o 2º **Para todas as vezes que dissermos adeus** e o 3º **Saudade;**
- O Livro da Lata é um livro muito especial, para quando se sente saudade. Foi escrito em Português, a única língua do mundo na qual encontrei esta palavra.

Lúcia
E foi você que o escreveu?

Domingas
Olha, sempre é assim, uma parte eu invento outra parte eu copio. Copio dos livros, daqueles que não pude carregar. Copio pelo lado da leveza, percebe? Hoje posso contar a história da Senhora Veredê. (*Ao ouvir o nome Veredê o personagem-boneco Seu Quintas mostra a cabeça, segurando-se por trás e ao alto da cortina de boca.*) É uma história de amor, mas, como eu posso lhe explicar? Um amor desencontrado. Quer escutar?

Lúcia
Quero sim. Essa você nunca me contou. Em que livro está?

Domingas
Está aí no Protocolo Lunar. (*A menina pega este livro e o manuseia.*)

Lúcia
Quem é a Senhora Veredê? (*Pausa. A menina continua manuseando o livro. Velho Quintas escorrega e desce até o chão pela borda da cortina de boca, segura um bastão, anda mais à frente do palco, com ele dá três batidas. Num salto flutua para trás da Terra – a bola inflada sobre o chão – e sai de cena.*)

Domingas
Ah... Eu escapei no barco, desci antes de meu irmão gêmeo. Mas ela ficou na Lua, mora lá, é o amor dele, desde o tempo em que a Lua foi ficando distante e inalcançável. Se você olhar bem no Céu, principalmente na Lua cheia, vê seus olhos, os peitos,

os braços, ela vive lá... Tem gente que garante que é São Jorge montado num cavalo lutando com o dragão, mas não, é ela, é a Senhora Veredê. (*Em cena paralela: Seu Quintas num salto sobe na Terra e com uma luneta olha por um tempo a Lua no Céu*). E eu peguei a mania de meu irmão: olhar o Céu, olhar a Lua, pois sempre imagina vê-la, ela ou qualquer coisa dela. É como posso perceber mais perto a presença de meu irmão, pois sei que onde ele estiver estará buscando a Lua e procurando por ela, a Senhora Veredê.

Lúcia
(*Duvidando*) Então você já esteve na Lua? (*Seu Quintas sai de cena.*)

Domingas
Ih fomos lá muitas vezes, pois nesse tempo ela passava bem perto, e o mecanismo das fases se processava de modo diverso do de hoje; isso porque eram outras as distâncias do Sol, também as órbitas eram outras, bem como a inclinação de não sei bem o quê; daí ocorrerem a todo momento os eclipses. Com a Terra e a Lua assim tão juntas: imagine se aquelas duas bolonas não iam fazer sombra continuamente uma à outra.

Lúcia
Ficava claro e escuro bem rápido?

Domingas
É isso, achatava-se um pouco sobre nós, depois erguia o voo. As marés, quando a Lua estava em seu ponto mais baixo, se levantavam de tal forma que era impossível contê-las. Havia noites de Lua cheia em que para a Lua banhar-se no Mar faltava um fio.

Lúcia
Um fio!?

Domingas
Digamos: poucos metros.

Lúcia
E você nunca tentou subir nela?

Domingas
Claro que sim. Eu e todos os outros. Pois não é isto que hoje estou a contar. Bastava ir até embaixo da Lua, nela apoiar uma escada portátil e subir.

Lúcia
Com uma escada!?

Domingas
Com uma escada própria para isso. O ponto em que a Lua passava mais baixo era nos Escolhos de Zinco. (*O barco visível no alto desce lento pelo urdimento até ficar numa altura adequada para a animação dos personagens-bonecos*). Lá ia eu nas barcas que se usavam então, compridas e leves, flutuavam no mar como se fossem de cortiça. (*Em cena paralela, os atores-animadores entram, trazendo os personagens- -bonecos visíveis à altura do peito: Senhora Veredê, Surdo, Dona Domingas, Seu Quintas, Capitão Veredê, Gisele. Colocam-se próximos ao barco.*)

Lúcia
E você ia sozinha?

Domingas
Não, éramos vários a ir: (*Os personagens-bonecos vão entrar no barco durante esta fala, na sequência em que Dona Domingas os vai nomeando em cena. O Capitão,*

antes de sentar, jogará âncora. Surdo ficará de pé pendurado na escada. Até que todos se acomodam e olham o Peixe Voador que aparecerá nadando perto do barco.) eu, meu irmão Quintas sempre ia comigo nessas viagens; o Capitão Veredê, o Capitão era o dono do barco, sem ele não havia viagem; a mulher do Capitão, a Senhora Veredê, a dona da história de amor de hoje; Surdo, meu primo, ele adorava brincar com a gravidade, distraído, de surdo não tinha nada, ele só ouvia mesmo o que era do seu interesse; ah, às vezes também a pequena Gisele, devia ter então uns dez, doze anos. (*A velha se encanta e se perde na própria narração.*) A água naquelas noites era claríssima, prateada que parecia de mercúrio, e dentro dela os peixes, não podendo resistir à atração da Lua, vinham todos à tona. Havia sempre um voo de animais minúsculos, pequenos caranguejos, algas leves e diáfanas, eflorescências de corais que se desprendiam do Mar e acabavam na Lua. Alguns ficavam ali no ar, como um enxame fosforescente que tínhamos de espantar agitando folhas de bananeira. (*A cena paralela no barco termina e se desfaz com a saída de todos os personagens-bonecos.*)

Lúcia
Posso perguntar uma coisa que não sei?

Domingas
Claro, se eu souber... O que você quer saber?

Lúcia
Aliás, são duas coisas, viu? Você disse diáfas: que coisa é diáfas?

Domingas
(*A velha dá uma risada se divertindo.*) Diáfanas.

Lúcia
Ah diáfanas. E eflorescências? Eu nunca ouvi.

Domingas
Foi quando falei das algas, elas deixavam passar a luz, é isso, diáfano é o que deixa passar a luz... É uma palavra que serve muito para poesia.

Lúcia
Ah uma coisa transparente, você quis dizer.
E eflorescências?

Domingas
É quando uma coisa nasce e vive como flor. Os corais, por exemplo, são assim, duros, parecem ossos, (*Tira do bolso um coral e com delicadeza passa para a menina.*) veja este, ou então filhos de pedras que um dia se apaixonaram por flores, pois na água do mar eles nascem, crescem e desprendem suas eflorescências de corais.

Lúcia
Agora entendi. Mas o que vocês andavam fazendo na Lua?

Domingas
Calma, eu lhe explico. Íamos recolher o leite lunar, com uma grande concha. O leite lunar era muito denso, como uma espécie de ricota. Formava-se pela fermentação de diversos corpos e substâncias que se desprendiam da Terra, enquanto o satélite a sobrevoava. Era composto de: sumos vegetais, girinos de rãs, (*A menina entra na brincadeira.*)

Lúcia
betume!

Domingas
Sim, lentilhas e mel de abelhas. Ovas de peixe,

Lúcia
bolores!

Domingas
Bolores e pólens, substâncias gelatinosas,

Lúcia
vermes,

Domingas
muitos vermes! Pimenta, pedrinhas de sal e material de combustão. Bastava afundar a concha sob as escamas do solo da Lua e então retirá-la cheia daquela preciosa papa.

Lúcia
E pra que servia esta papa?

Domingas
Para muitas coisas, principalmente alimento, também remédios. Mas o leite lunar vinha cheio de detritos. Na fermentação, quando a Lua atravessava o ar tórrido sobre os desertos, nem todos os corpos fundiam, a gente encontrava tudo misturado ali: unhas, cartilagens, pequenos cavalos-marinhos, braços de boneca, às vezes até mesmo um pente. Por isso, aquele mingau, depois de recolhido, precisava ser desnatado e passado por um coador.

Lúcia
Puxa, devia dar uma trabalheira coar tudo isso.

Domingas
Mas a dificuldade não residia nisso não, o pior era a maneira de enviá-lo à Terra.

Lúcia
Como que vocês faziam? As canoas não eram pequenas?

Domingas
Fazíamos assim: mandávamos o conteúdo de cada colherada para o alto, manobrando a concha como se fosse uma catapulta. A ricota voava no ar, e se o impulso fosse bastante forte ia se esborrachar no teto, quer dizer, sobre a superfície marinha, pois estávamos de pé no solo lunar, mas de cabeça para baixo em relação à Terra. Ali chegando, ficava boiando e depois era mais fácil recolhê-la para dentro da barca.

Lúcia
Tinha me esquecido do que você leu no começo, que nesse tempo a Lua estava bem perto, já sei, era fácil de acertar então.

Domingas
Nem tanto, nesses arremessos quem era bom mesmo era Surdo. Nosso primo demonstrava uma aptidão toda especial: tinha força, pontaria, com um lance resoluto conseguia acertar o tiro bem dentro de um balde que da barca lhe estendíamos. Ao passo que eu às vezes fazia um papelão. A colherada não conseguia vencer a força da atração e vinha de volta me acertar no olho.

Lúcia
E como foi a história da Senhora Veredê ficar na Lua?

Domingas
Agora que você já sabe a razão de irmos até a Lua, preciso lhe contar de fato o que acontecia nesse espaço entre a Terra e a Lua, para que você entenda porque a Senhora Veredê ficou por lá. Um corpo que caía na Terra vindo do satélite permanecia algum tempo meio tonto, carregado de força lunar, e se opunha à atração do nosso planeta. Até mesmo eu, ou meu irmão, custávamos a nos reabituar com os altos e baixos da Terra, tinham de nos agarrar pelos braços, enquanto de cabeça para baixo eu mesma continuava a levantar as pernas para o céu.

Lúcia
Como se você estivesse plantando bananeira?

Domingas
Isso. Isso mesmo. "Agarre-se!" (*A cena das duas se congela com as mãos seguras neste "agarre-se".*)

Trupe de atores em coro
"Agarre-se firme!" (*No barco, à esquerda do espectador, Senhora Veredê sentada se abana e canta. Capitão Veredê, à direita, arruma cordas na proa do barco. Seu Quintas entra em cena de pé sobre a Lua, a bola inflada pendurada no Céu, grita chamando alto. Capitão e Senhora Veredê olham para ele. Capitão lhe responde, acena, fica em pé, caminha para o meio do barco, gira a escada e abre na diagonal em direção à Lua. Seu Quintas desce da Lua, escorregando de cabeça pela escada, tonto olha para Senhora Veredê. Capitão puxa o braço dele, mas Quintas se solta e ao cair segura com a mão esquerda o peito da Senhora Veredê. Ela grita, a*

cena no barco se congela. Volta a cena das atrizes que se descongela neste mesmo grito.)

Domingas
Então, meu irmão, naquele agarrar-se às cegas, certa vez acabou por agarrar uma das mamas da Senhora Veredê. E esse contato lhe pareceu seguro e muito bom, pois não largou dele não; nesse dia, ele me contou depois, ela exerceu sobre ele uma atração fatal mais forte que a da Lua. E foi assim que começou a história do enamoramento de meu irmão pela mulher do Capitão, a Senhora Veredê.

Lúcia
Uma atração maior para escapar da atração da Lua!

Domingas
Então, naquele mergulho de cabeça ele conseguiu com o outro braço abraçá-la pela cintura e dessa maneira passou de volta para nosso mundo, mas também para o mundo de seus sofrimentos. (*A cena das duas novamente se congela durante a cena dos personagens--bonecos que retorna no barco: Capitão Veredê pega um balde de água na ponta do barco, anda até o meio e joga água na cabeça de Seu Quintas. Ele levanta atordoado, pede desculpas. A Senhora Veredê aborrecida volta a se abanar. Capitão dá risada de Quintas.*)

Lúcia
(*A cena das atrizes se descongela.*) Como assim, esse abraço não era bom?

Domingas
Acontece que os olhares dela não eram para meu irmão. Ela tinha olhos de diamante, faiscavam, quando

olhava para a Lua. O interesse dela estava no Surdo, você precisava ver, quando Surdo desaparecia lá em suas misteriosas explorações lunares, mostrava-se inquieta, como se estivesse pisando em brasa. (*A Cena das atrizes continua, em tempo mais lento e luz mais baixa, concomitante à cena dos personagens-bonecos: Senhora Veredê e Quintas conversam no barco, Surdo entra em cena de pé na Lua pendurada, dá um salto em direção à escada que permaneceu aberta após a descida de Seu Quintas, vai descendo os degraus até que a Senhora Veredê o olha, chama e canta. Surdo acena e continua descendo, desenvolto, senta em um dos últimos degraus da escada e a Senhora pega em sua coxa. Surdo ignora, dá um salto e fica de pé no barco. Senhora Veredê fica sem jeito, volta a sentar, observando Surdo que recolhe e fecha a escada. Os personagens-bonecos saem de cena.*)

Lúcia
Ah vai ver que estava era preocupada com ele, se Surdo tinha se perdido, ou tinha se machucado.

Domingas
Qual nada, nesses protocolos lunares meu primo era o melhor, não se perdia nunca! Logo tudo ficou claro para mim: percebi que a Senhora Veredê estava com ciúmes da Lua, porque era a paixão de Surdo, meu primo. E meu irmão Quintas, apaixonado pela Senhora Veredê, com ciúmes de meu primo.

Lúcia
Gostei muito foi dessa parte dos olhos de diamante da Senhora Veredê. Deviam ser lindos. E seu primo gostava dela?

Domingas
Hum quem menos se dava conta dessa história toda era meu primo. Eu sentia um aperto no coração era pelo olhar de desapontamento de meu irmão. Meu primo permanecia indiferente, perdido lá em seu êxtase lunar. (*De repente se lembra.*) Ih... Ainda falta um detalhe... Importante no cenário desta história de amor.

Lúcia
Qual detalhe?

Domingas
Ah me esqueci de lhe contar sobre a menina. Você vai gostar.

Lúcia
A menina Gisele de doze anos?

Domingas
Sim, era assim quase do seu tamanho, um pouco menor talvez, ela adorava participar dessas viagens.

Lúcia
Ela não tinha medo?

Domingas
Acho que às vezes sim. Mas Gisele se divertia muito. Sua diversão maior era agarrar tudo que flutuava nesse espaço entre a Terra e a Lua. De vez em quando se apavorava e começava a chorar.

Lúcia
Eu garanto que não ia chorar, eu gosto de tudo que voa. Você sabia que eu vou estudar para ser astronauta?

Domingas
É mesmo? Você é bem corajosa. Você ia se dar bem com

a Gisele. (*Em cena paralela, Gisele, já montada no Peixe Voador, atravessa o palco, ao fundo, da esquerda para a direita do espectador. Fazem volteios, param no meio, viram para frente e continuam a nadar-voar até sair de cena.*) Ela tinha duas trancinhas finas, que pareciam voar por contra própria. Toda vez que chorava, logo depois do choro se acostumava, ria, e começava a brincar aparando no voo uma pequena concha.

Lúcia
Brincava no ar como eu brinco aqui no Quintal do Mundo?

Domingas
Isso mesmo, você precisava ver aquele enxame de fauna marinha pelo Céu. Aí que a pequena Gisele se divertia, tentando agarrar as conchas, no ar, porque não era coisa fácil.

Lúcia
Uma brincadeira de pega-pega no Céu com os bichinhos que saiam do Mar atraídos pela Lua.

Domingas
Então, certa vez, eu estava na barca sentada ao lado dela, foi estirando os bracinhos para pegar uma concha, deu um saltinho assim um pouco maior e lá estava ela no alto, flutuando longe, no ar.

Lúcia
E nesse dia ela foi subindo e se perdeu como um balão no céu? (*Em silêncio, apenas Lúcia acompanha esta cena que acontece em paralelo: Gisele aparece suspensa por um balão, atravessa o espaço de uma moldura, flutuando no ar. Domingas observa Lúcia.*)

Domingas
Esse era nosso medo, quando ela ficava voando suspensa sobre o mar.

Lúcia
E o que vocês faziam para pegá-la?

Domingas
Sempre era assim: manejávamos a barca para nos mantermos por baixo dela. A Lua corria em sua elipse, arrastando atrás de si aquele enxame, com a menina suspensa em meio àquilo tudo. Ela brincava com aquele influxo, agitando as canelas pelo ar.

Lúcia
E os sapatos dela não caiam?

Domingas
Desta vez sim, nesse voo perdeu até os sapatinhos. Nesse tempo, ninguém havia percebido ainda, mas a Lua já estava se afastando.

Lúcia
Sabe do que lembrei agora? Que uma vez eu sonhei com uma bolona de gás bem grande que me levava a passear pelo Céu. Só quando o gás acabou eu voltei, exatamente para a minha cama, quer dizer voltei no sonho, eu estava sonhando que estava sonhando, ah foi lindo, porque eu só acordei mesmo de manhãzinha.

Domingas
Vai ver que é por isso que você quer ser astronauta.

Lúcia
Não tinha pensado nisso antes, mas até pode ser.
E o que aconteceu com a menina Gisele nesse dia do saltinho para pegar a concha?

Domingas
Nesse dia ela foi tão alto, tão longe, que a gente teve dificuldade para poder alcançá-la. Esse foi o dia que mudou para sempre nossas vidas, fizemos nossa última viagem nessas barcas. (*A velha arruma suas trouxas e malas, levanta-se para ir embora. A menina percebe, para prendê-la insiste em perguntar.*)

Lúcia
Também foi aí que a Senhora Veredê ficou na Lua?
(*Já de saída a velha para. Longa pausa. A menina repete a pergunta. Nesta cena acontece um deslocamento no espaço, a velha vai recomeçar a contar quando as duas se acomodarem na lateral ou no proscênio, deixando o centro do palco livre para as cenas em paralelo que se seguirão.*)

Domingas
Então, foi tudo nesse dia. Vamos voltar ao destino da menina, depois eu conto a parte da Senhora. Está bem? (*Lucia e Domingas em tempo mais lento e luz mais baixa criam relações, desenham no chão, por exemplo, ou jogam jogo da velha, para brincar em cena durante as cenas paralelas que se seguirão.*)

Lúcia
Está bem. (*Cena paralela com os personagens-bonecos acontece no barco: Gisele acaricia o cabelo de sua boneca, cantando canção de ninar. Dona Domingas lê um livro. Capitão Veredê abana mosquitos e dorme. Gisele olha para o fundo do Mar e vê bichinhos. Dona Domingas chama a atenção dela e volta a ler. No espaço em torno, entra em cena flutuando uma grande concha. Gisele fica de pé no banco para ver. Dona Domingas*

reclama mais uma vez, para que a menina não caia e volta a ler. A concha se aproxima e puxa Gisele pelas tranças, ela sai a flutuar no espaço, brincando com os bichinhos. Dona Domingas quando a vê longe se assusta e acorda o Capitão. Ele sobe na escada, avista Gisele que brinca comendo bichinhos até que ela cai na água. Capitão joga o remo para socorrê-la. Gisele agarra no remo e Dona Domingas consegue pegá-la para o colo. Todos saem de cena.)

Domingas
A menina Gisele teve a ideia de comer os animaizinhos suspensos. Quanto mais comia, mais Gisele ganhava peso, mais propendia para a Terra, mais se libertava da força da Lua. Até que chegou à pele do mar e nele mergulhou.

Lúcia
E ela sabia nadar?

Domingas
Sabia. (*Cena em paralelo com os personagens-bonecos: Gisele sobe na Terra, bola inflada que está mais à frente do palco. Sentada começa a cantar. Voador, o Peixe, entra em cena e nada em torno da Terra. A menina o vê e brinca com o Peixe, tenta tocá-lo. Atores-animadores, Menina Gisele e Peixe Voador contracenam brincando. Peixe Voador sai de cena. Pérola, a Sereia, entra em cena. Gisele, sentada sobre a Terra, a avista. Pega uma escova escondida e entrega para a Sereia quando esta se aproxima. As duas fazem movimentos de pentear os cabelos. A Sereia desce por trás da Terra, pega um caramujo no fundo do mar, dá de presente para Gisele.*

Pérola sai nadando. Gisele coloca o caramujo no ouvido e depois sai de cena.) Remamos rápido para socorrê-la, mas tive trabalho em despojá-la de tudo aquilo que estava agarrado em seu corpo. Dos cabelos choviam pititingas e camarõezinhos em cada passada de pente.

Lúcia
E as meias e o vestidinho?

Domingas
As meias continuavam soltas pelo avesso, mas pregadas nos pés. O vestidinho parecia tecido de algas e de esponjas. Nenhum de nós sabia, mas isso já era uma despedida.

Lúcia
Despedida? Como assim?

Domingas
Então, era a última volta da Lua na qual poderíamos acessá-la com a nossa barca e a escada. Fomos tomando conhecimento disso aos poucos, agora posso lhe contar, mas naquela hora ninguém sabia ao certo. Talvez Surdo, cheio de intuição, talvez ele já soubesse.

Lúcia
Fico pensando na menina Gisele brincando de recolher os minúsculos bichinhos da pele e dos cabelos. Devia ser divertido.

Domingas
Tão divertido que nunca mais conseguiu apagar este dia, nem retirar todos esses minúsculos animais da pele. Ainda hoje convivem com ela, cintilando nos poros. Está adulta e para os que não conhecem os

protocolos da Lua, ficou só uma mulher sardenta, coberta de um delicado pulverizar de pintas.

Lúcia
E o que mais aconteceu nesse dia? Quem ficou na barca? Quem subiu na Lua?

Domingas
Foi também a última vez que conseguimos retirar o leite lunar dessa forma.

Lúcia
E a Senhora Veredê?

Domingas
É a parte que falta, não é? Eu vou contar. Uma canção alegre nos invadia naquelas noites de Lua cheia e dançávamos como se dentro do crânio, em vez de cérebro, um peixe flutuasse atraído pela Lua.

Lúcia
Era como uma festa no mar.

Domingas
Sim. A mulher do Capitão cantava alto. Sempre eram canções de amor. (*Enquanto Domingas cantarola imitando a mulher do capitão, em paralelo: Peixe Voador entra em cena nadando à esquerda do espectador, desce rodopiando e vai em direção ao barco. O Capitão sentado em um banco remenda uma rede de pesca, Voador nada perto do barco.*) "Noite alta céu risonho, a quietude é quase um sonho, o luar cai sobre a mata qual uma chuva de prata prateando a imensidão"
O som de sua voz especialmente naquela noite soou tão agudo, que quase não o podíamos suportar.

Lúcia

Quem mais tocava? (*Em paralelo: a Sereia Pérola entra em cena pela direita do espectador e nada até a frente do barco. Capitão Veredê guarda rapidamente sua rede e fica de pé tentando vê-la. A Sereia brinca com o Peixe, se aproxima ainda mais do barco. Peixe Voador sai de cena. Capitão fica encantado pela Sereia.*)

Domingas

Meu irmão tocava flauta, o Capitão tinha uma gaita, quando estava de bom humor, tocava. De vez em quando alguém trazia sanfona, violão. Era muito agradável. Para quem subisse na Lua, e também para quem ficasse ali esperando para recolher o leite na barca.

Lúcia

Mas quem estava na Lua?

Domingas

Então, nessa noite aguardávamos o retorno de meu irmão, de meu primo e da Senhora Veredê, que pela primeira vez havia subido.

Lúcia

E o Capitão deixou a mulher dele ir? Sem ele?

Domingas

Imagine com que secretos intentos. Acho que ele queria mesmo era se livrar dela.

Lúcia

Quanto tempo passaram na Lua?

Domingas

Estavam lá desde a última Lua cheia. De repente a voz aguda da Senhora Veredê pela primeira vez vinha de lá, para mim insuportável, mas trouxe uma bela surpresa.

(*Continua a cena em paralelo: Capitão oferece um ramalhete de flores à Sereia, ela o pega, cheira e desaparece.*)

Lúcia
Que surpresa?

Domingas
Atraiu do fundo do mar nossa velha conhecida: Pérola, a Sereia. Ela só aparece para algumas pessoas e em ocasiões muito especiais. Até aí tudo parecia normal, nosso primo continuava lá em sua brincadeira.

Lúcia
Ele brincava de que?

Domingas
De recolher o leite com a mão sob as escamas. Ele não usava concha.

Lúcia
Com a mão? Ele devia se machucar muito.

Domingas
Que nada, subia sempre de pés descalços. Isso para ele era o máximo do divertimento, andava por lá tranquilamente, plantando bananeira, virando cambalhota, e sempre era o último a se desprender da Lua, sua descida era o sinal para que a barca partisse.

Lúcia
Uma vez eu vi um artista andando com as mãos em vez dos pés. Eu imagino Surdo igual a um artista de circo. (*Atores entram no palco, fazendo números circenses, do tipo: segurar um guarda chuva andando sobre a espiral do chão como se fosse corda bamba, outro faz malabares, outro faz acrobacias, dançam e escalam*

no meio do palco. A menina e a velha assistem. Esta movimentação acrobática serve também para trocar objetos de lugar, montando o cenário da próxima cena.)

Domingas
Você tem razão. Parecia mesmo de circo. Só que nessa noite, bem na sua volta, percebemos que a nossa escada quase já não dava. (*Cena em paralelo: a Lua, bola animada por uma atriz, atravessa devagar o palco, da esquerda para a direita do espectador. À direita do espectador está fixada no chão a Terra, bola na qual Surdo se põe de pé, vê a Lua se aproximar.*) Com muito esforço, seguramos na ponta e agarrando-se por ela meu primo voltou. Foi aí que todos juntos tivemos a certeza: a Lua estava se afastando. E o pior, meu irmão Quintas e a Senhora Veredê ainda não estavam na barca. Nesse dia Surdo descera antes.

Lúcia
E onde eles estavam?

Domingas
Na Lua. (*A velha e a menina assistem à cena que se segue: Surdo de pé na Terra olha a Lua passar em sua frente, ela some por detrás dele e ele a procura. Quando ele a encontra empurra com a mão direita e dá um salto começando a flutuar pelo espaço. Brinca, faz malabares com a Lua, gira, dança com ela, chuta, como se fosse uma bola jogada em câmara lenta, mergulha, bate com a cabeça e depois com o peito. Deita sobre ela, faz carinho e dá um beijo. A Lua gira e ele com um salto volta a pisar sobre a Terra. A Lua se distancia numa órbita por detrás dele. Surdo a perde de vista e sai triste de cena. A velha e a menina retomam a conversa*) A face oculta da Lua

nunca exploramos direito, imaginamos que meu irmão e a Senhora Veredê estavam por lá. De fato eles logo apareceram e gritamos "Venham!"

Coro da trupe de atores
Venham depressa! A Lua está se afastando! (*Passando de mão em mão em câmara lenta, a trupe de atores acomoda a Lua no chão do palco à esquerda do espectador, em diagonal onde já se encontrava a Terra, dispostas para a próxima cena com os personagens-bonecos.*)

Lúcia
E o que eles fizeram?

Domingas
Que deviam fazer diante daquilo? A Sra. Veredê, feliz como nunca a tinha visto, cantava na Lua, será que não tinha percebido nada, nem que meu primo já havia retornado? Quando percebeu foi pior, pois demonstrou o quanto sua paixão por Surdo não era um capricho, e sim um voto sem retorno. Se o que meu primo amava era a Lua distante, ela iria permanecer distante, na Lua. Isso eu intuí, vendo que ela não dava um só passo em direção à escada. Disse que a vi, não é, mas na realidade foi só com o canto do olho que captei a sua imagem.

Lúcia
E seu irmão não ajudou, não estava ao lado dela?

Domingas
Meu irmão tentou puxá-la sem conseguir demovê-la um milímetro do seu intento, da sua felicidade.

Lúcia
E como seu irmão desceu da Lua?

Domingas
Rápido emendamos na ponta uma escada de corda, e mal ela tocou a crosta lunar, meu irmão saltou, deslizando como uma serpente.

Lúcia
Puxa que susto ele deve ter passado!

Domingas
Deixou-se escorregar de cabeça, atraído pela Terra, e ele foi o último a cair no mar.

Lúcia
Ele não se arrependeu de ter voltado e deixado a Senhora Veredê para trás?

Domingas
Ele na Lua deveria estar feliz, não é: como nos seus sonhos estava sozinho com ela, na intimidade tantas vezes desejada. (*Ao mesmo tempo: Senhora Veredê entra em cena sobre a Terra, Seu Quintas sobre a Lua, as bolas sobre o chão*) Imagina: com a Senhora dos seus sonhos na primeira vez que ela desejou subir. (*Sentada sobre a Terra, Senhora Veredê ajeita o cabelo e uma flor pendurada em seu decote. Seu Quintas a admira de longe. Ela fica de pé e acena para ele. Ao som de uma valsa os dois em um salto flutuam dançando. Encontram-se num abraço e continuam a dançar. Num giro da valsa se separam, mas continuam dançando, agora fazendo par com os atores que os estavam animando. Saem de cena dançando pelos lados opostos aos que entraram.*)

Lúcia
Então, você acha que ele voltou por quê?

Domingas
Depois do susto de ser o último a descer, ele permaneceu calado por muito tempo. Um dia, conversa vai conversa vem, ele mesmo me revelou o que se passou em sua cabeça enquanto esteve lá: só pensava na Terra. (*A Terra, bola animada por uma atriz, atravessa devagar o palco, da direita para a esquerda do espectador.*) Tudo era maior que suas expectativas, estava sozinho ao lado da Senhora Veredê, mas em vez de se alegrar: era o exílio. (*Entram em cena quatro banquinhos colocados à direita do espectador sobre o chão do palco, servirão para os personagens-bonecos sentar e assistir à cena das atrizes.*)

Lúcia
Puxa, como assim, exílio? Ficar com seu amor não era o mais importante?

Domingas
Seu Quintas só pensava na Terra. Segundo ele era a Terra que fazia com que alguém fosse de fato alguém e não outro qualquer. Lá em cima, arrebatado da Terra, era como se ele não fosse mais ele mesmo, percebe? (*Os personagens-bonecos Dona Domingas, Surdo e Capitão sentam nos banquinhos e assistem à cena das personagens atrizes Dona Domingas e Lúcia.*)

Lúcia
A Senhora Veredê não importava mais? Não foi por ela que ele subiu?

Domingas
Estava ansioso por voltar e tremia só de pensar que poderia perder a Terra. A extensão de seu sonho de amor havia durado apenas um instante durante a subida

em que haviam dançado, em seu sonho, apenas em sua imaginação, abraçados entre a Terra e a Lua.

Lúcia
Precisava colocar os pés na Terra para sentir de novo quem era.

Domingas
Isso! Lá em cima, privado de seu terreno terrestre, sua paixão só provocou uma nostalgia lancinante daquilo que lhe faltava: um onde, um em torno, um antes, um depois.

Lúcia
E o que é nostalgia lancinante? (*Seu Quintas surge no fundo do palco, flutua nadando lentamente em direção à personagem-atriz Dona Domingas, que ainda não o vê*).

Domingas
Ah é uma tristeza que de tão grande corta como uma lança. Percebe?

Lúcia
Também ela não dava atenção para ele. Ele só percebeu isso lá em cima?

Domingas
Exato, eu percebi muito antes de meu irmão o que significavam os olhares daquela Senhora: quando as mãos de meu primo pousavam sobre o satélite, eu olhava fixo para ela e no seu olhar lia os pensamentos de ciúme que aquela intimidade entre Surdo e a Lua despertava na Senhora Veredê. (*Personagem-atriz Dona Domingas encontra personagem-boneco Seu Quintas e dançam abraçados. Lucia assiste. Capitão chama*

*Quintas de longe. Personagem-atriz Dona Domingas
o leva para o seu banquinho. Seu Quintas senta no
banquinho, cumprimenta os outros personagens-bonecos
e passa também a assistir. Logo após, Dona Domingas
personagem-atriz se volta para Lúcia.)*

Lúcia
Foi por isso que você me disse que a história de hoje seria uma história de amor, mas de amor desencontrado.

Domingas
Só meu irmão demorou de perceber, ele vive errante, até hoje se alegra pela Lua, pois lá repousa o brilho, os braços, os peitos da Senhora dos seus amores.
Em cada plenilúnio nos relembramos.
É quando consigo estar mais perto dele.
E nos eclipses nos abraçamos.
Adeus, Lucia. (*No adeus das atrizes os personagens-
-bonecos ficam de pé sobre os banquinhos e também dão
adeus, trocam olhares com os atores que os animam e
saem de cena como se flutuassem numa atmosfera sem
gravidade. O barco sobe ficando visível ao alto*) É minha hora de partir de novo. Até qualquer dia.

Lúcia
Adeus, Senhora! Até qualquer noite!

*(A menina entrega para Dona Domingas um brinquedo
seu e em seguida traz para perto as malas e trouxas da
velha, que, por sua vez, retira de dentro de uma delas o
pergaminho Protocolo Lunar e o entrega à menina. As
duas se despedem saindo pelo lado contrário ao que
entraram em cena. Após esta saída, todo o grupo de atores
entra em cena para compor um canto coreográfico final.*

As duas personagens retornarão durante esta cena como integrantes da trupe.)

Coro da trupe de atores *(Canto final coreografado)*

>A gente é como brincante
>Do fim do quintal do mundo
>Aqui se instala num sopro
>Em lasso deleite a poesia

(A menina Lúcia entra em cena vestida de arco-íris, o avesso deste adereço aparecerá como Lua após a troca em cena com a Senhora atriz que trará o Sol.)

>A vida inventa seu rastro
>Velho dentro da criança
>A cobra morde seu rabo

(A Senhora atriz entra cantando, vestida de Sol, a trupe acompanha.)

>No fim do quintal do mundo
>Sedenta é a voz da alegria (*BIS*)

(Os adereços Sol e Lua são trocados em cena, evocando a história da menina, narrada ao início do espetáculo, os músicos integram-se ao grupo no meio do palco.)

>E todos nós, nós celebramos
>O lirismo do brilho em cardume (*BIS*)

>No fim do quintal do mundo
>Sedenta é a voz da poesia (*BIS*)

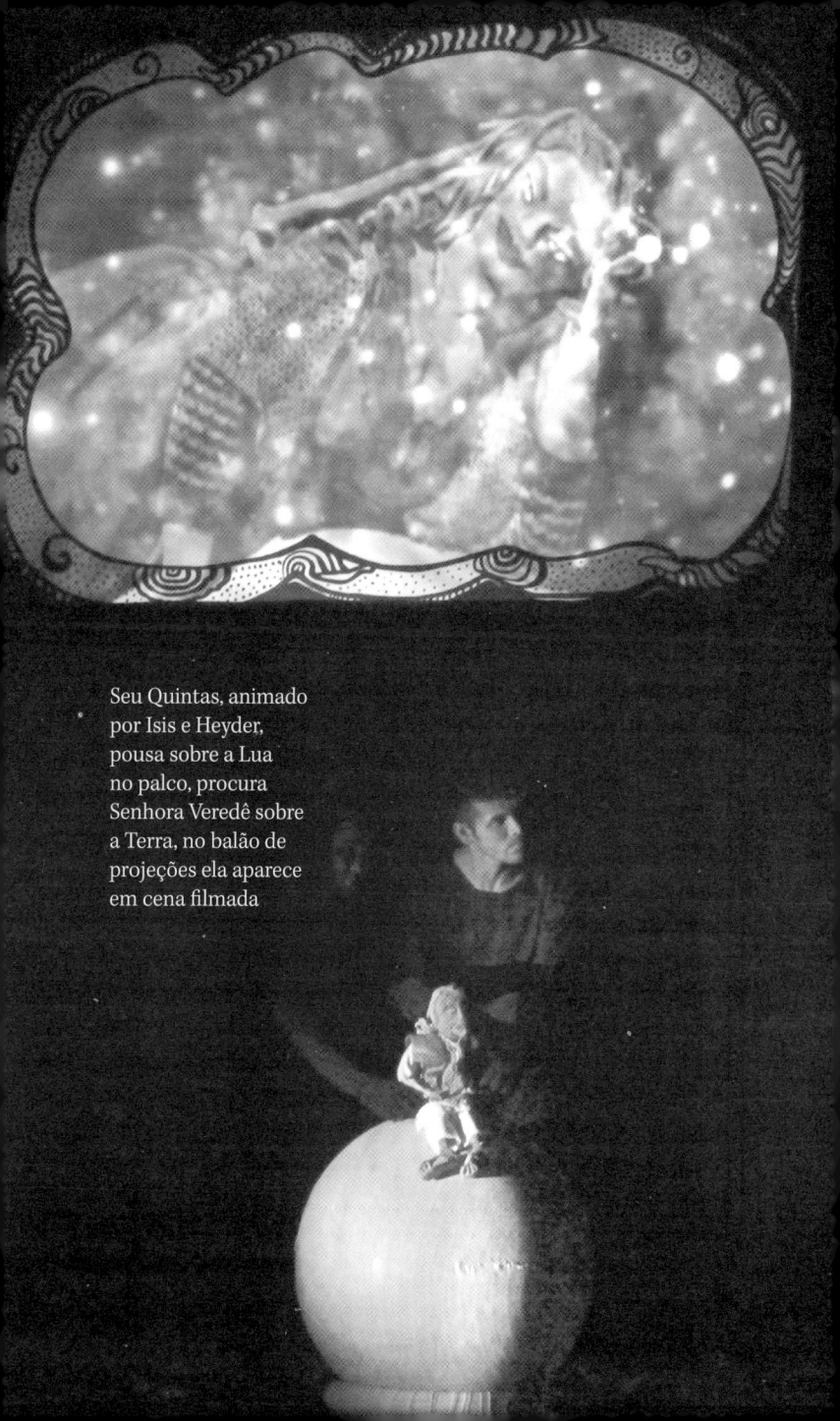

Seu Quintas, animado por Isis e Heyder, pousa sobre a Lua no palco, procura Senhora Veredê sobre a Terra, no balão de projeções ela aparece em cena filmada

Como integrante da trupe a atriz (Sonia) entra cantando com o adereço Sol

Entrevista sobre a concepção da luz
Realizada por Camila Guimarães

1. Enquanto diretora do espetáculo Protocolo Lunar, o qual você também escreveu e no qual atuou, já havia criado alguma ideia acerca da iluminação cênica para o mesmo antes de convidar um iluminador? Qual, por exemplo?

R: Desde o início, quando o tema foi se definindo na pesquisa junto com o grupo Os Imaginários e as imagens surgiam em meu "teatro interior", visualizava, sim, o aspecto da pintura do espaço cênico pela luz. Por luz colorida, por luz que traria a dimensão de um lugar poético, ficcional, flutuante entre terra, céu e mar, entrecortado por muitas subáreas de atuação em atualizações de cenas realizadas por atores e outras por bonecos e objetos. Nesse contexto a luz teria um papel fundamental, tanto em delimitar e colorir espaços, concomitantes e/ou paralelos, quanto a traduzir a macro atmosfera onírica e atemporal da narrativa.

Quando convidava alguém para assistir nossos ensaios abertos, na sala 105, menor que o tamanho do palco do TMG onde estreamos, lembro-me que sempre apontava: ali, na direção daquelas janelas, numa altura maior que nossas cabeças, imagine que estas cenas filmadas – que até então só podíamos ver uma amostragem no *notebook* – estarão projetadas num telão, e este, por sua vez, estará fundido a uma rotunda negra, com pequenos furos para integrar o infinito do espaço de projeções, como um "balão" de pensamento de histórias em quadrinhos, uma "nuvem" no céu estrelado. Este "balão" nunca estará sem imagem projetada. Portanto, o espaço cenográfico, já era em seu início configurado em diálogo com luz e com cenas em projeções.

Sabia também que para um iluminador apaixonado pelo ofício esta concepção era um presente, um convite à criação, pois este espetáculo precisava muito além do que "iluminar" a cena, pintá-la, criar densidades e evocar essa atmosfera poética. Todo o material cenográfico, definido para recobrir a linha da espiral e as bolas, também usado na confecção do barco e forração dos bonecos (tais como: tecidos, madeira, espumas e fibra de miriti), foi tratado com pintura artesanal, projetado e realizado para funcionar com luzes coloridas. Só pude ter a visão total na caixa cênica na véspera da estreia, mas a cenografia foi detalhadamente planejada para receber a luz desejada. Lembro-me da minha emoção ao ver pela primeira vez o céu estrelado aparecer no palco, ou seja, o diálogo cenário/luz finalmente acontecer.

2. Houve um diálogo constante entre você e o iluminador convidado até a finalização do projeto de luz? Como se desenvolvia esse diálogo?
R: Pedro, nosso iluminador, foi convidado quando o espetáculo já estava cenicamente desenhado em sua polissemia de meios, e também já construído em

começo-meio-fim. Quando já conseguíamos fazer os chamados "ensaios corridos", embora ainda na pequena sala 105. Lembro-me que um dia levei para mostrar a Pedro um livro de desenhos dos irmãos Artur, Carlos e Rubens Matuck, "As Aventuras de Sir Charles Mogadom & do Conde Euphrates de Açafrão", todo ilustrado com desenhos num colorido derivado de azuis esverdeados, amarelos e magentas, para estimular a sua fantasia com o uso das cores, como as imaginava. Além de assistir alguns ensaios corridos, o texto das atrizes, com as indicações de inserções das cenas dos bonecos, também lhe foi entregue, e fiquei contente, pois vi no seu olhar

Menina Lucia (Camila)
detalhe de cena em diálogo
com Dona Domingas

Pérola, a Sereia

gosto como criador pelo material que apresentávamos, mesmo num lugar de plateia apertado, assistindo praticamente "dentro" do espaço da cena, pois a gente chegava objetos e cenas para um lado e outro da sala para acomodar o espaço total de representação.

A única coisa que me lembro para a qual disse não foi uma sugestão de Pedro para usarmos caixa de fumaça. Quando vejo, na maior parte, gosto muito pouco deste tipo de efeito em cena, além disto, tenho às vezes problemas alérgicos com este tipo de fumaça e estaria no palco. Nossos objetos em detalhes e elementos já eram numerosos, considerei a fumaça dispensável. No mais foi muito criativo, tranquilo e respeitoso nosso diálogo, tudo o que foi trazido funcionou.

De muita importância neste trajeto foi também a presença de Rita Rocha que participou desde o início das oficinas construtivas dos bonecos e também das discussões em grupo, para chegarmos à concepção textual cênica, à ideia cenográfica. Durante os dois anos de pesquisa e preparação e da primeira temporada e estreia dividiu comigo a função de co-direção, tinha muito conhecimento da gênese do trabalho e respeito pelas minhas ideias. Este olhar "de fora" foi fundamental, pois eu estava em cena acumulando funções. Lembro-me que Rita participou ativamente destes diálogos com Pedro.

3. Quais influências, se assim poderíamos chamar, você acredita que a sua formação como artista visual teve na concepção da luz do espetáculo Protocolo Lunar?
R: Quando me penso é como artista, a IMAGEM nutre meu processo de pensar em qualquer meio que trabalhe, ela é um Princípio Dominante de meu criar-pensar quer no teatro ou nas artes visuais, quer na metodologia em sala de aula. É a Imagem que permite este trânsito entre meios e linguagens, para mim, sem conflito. No interior, na gênese da criação é irrelevante a formação, não se pensa nela, creio que é o próprio interesse e o tipo de sensibilidade, o modo de organizar a experiência sensível do mundo que determina escolhas (inclusive de formação, de ter curiosidade e estudar sobre certas áreas) gerando um modo específico de operar. Os outros desejam sempre "enquadrar", "classificar" o objeto artístico, verificar influências, etc. Para o estudioso,

crítico ou historiador, esta classificação é importante, necessária a esse tipo de pesquisa, mas para o ato criativo em si, para o artista neste ato, esta classificação é irrelevante. Não passei só por Escolas de Belas Artes, mas pode ser que esta formação específica me ajude a decodificar escolhas, mas no meu entender o que se sobressai, aquém e além da formação, é o prazer que tenho de VER-PENSAR-PRODUZIR IMAGENS em muitos meios, aqui situo o embrião do poeta literário, cênico ou visual.

4. Como você descreveria a luz do espetáculo Protocolo Lunar?
R: Requintada na simplicidade dos recursos utilizados, criativa e funcional para dar conta da atmosfera onírica e atemporal solicitada e pertinente ao contexto da peça. Gosto muito dos resultados, principalmente quando vejo fotos e filmagens, pois dentro da cena minha visão é parcial, a luz aproxima-se ao que foi por mim imaginado, coisa difícil de acontecer, pois entre projeto e resultados sempre há muita frustração, parece que neste caso o conjunto de toda a poética se funde com a luz sem conflito. Na continuidade das temporadas, infelizmente, não pudemos contar com a presença de Pedro, que só nos acompanhou na primeira montagem da temporada de estreia, então, nas flutuações de adaptar para apresentar em outros palcos, foi muito importante a dedicação nas funções de adaptação, montagem e operação da luz, tanto sua, Camila, na primeira temporada, quanto de Marcus Lobo e Moisés Victório

a atmosfera poética do espetáculo mesmo em situações de caixas cênicas não tão favoráveis do ponto de vista técnico. Foi muito útil também a memória fotografada e filmada que conseguimos realizar. Não foi, nem poderia ser, uma reprodução mecânica, mas uma busca pela repetição da atmosfera. Considero tudo isto, esta pacífica e criativa convivência, uma dádiva, sou muito grata ao grupo. Com Pedro houve um diálogo muito eficaz, tanto que a iluminação do espetáculo ganhou este Prêmio Especial no Braskem.

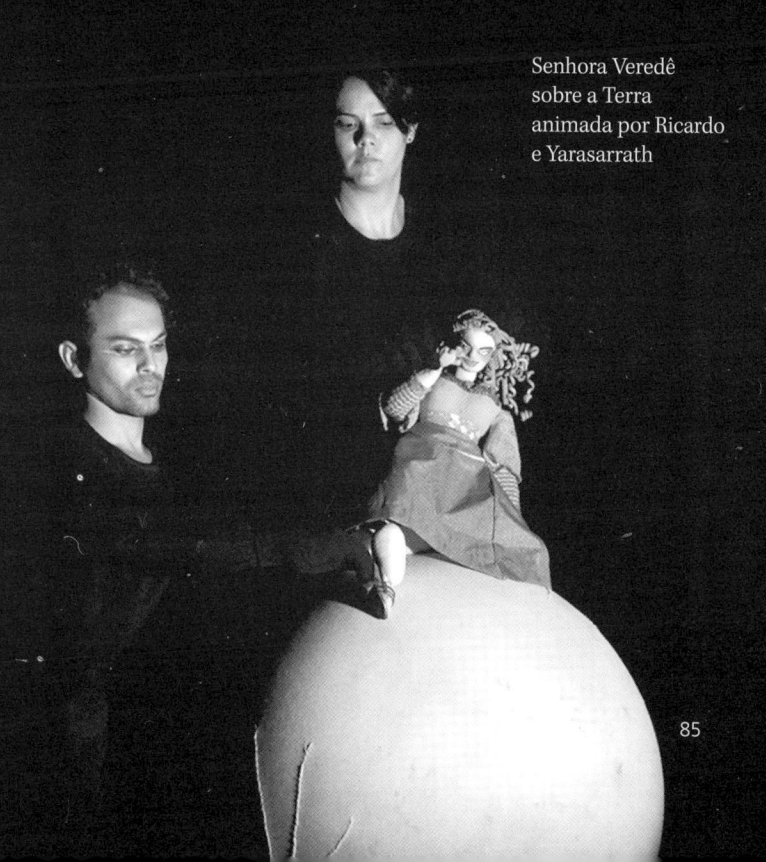

Senhora Veredê sobre a Terra animada por Ricardo e Yarasarrath

Senhora Veredê sobre a Terra, animada por Ricardo, Yarasarrath e Ruth, levanta para dançar

Referências

AMARAL, Ana Maria. *Teatro de animação:* da teoria à prática. São Paulo: Ateliê Editorial, 2007.

BACHELARD, Gaston. *A Poética do Espaço.* Trad. Antônio de Pádua Danesi. São Paulo: Martins Fontes, 1989.

_____, Gaston. *A Terra e os Devaneios da Vontade:* ensaio sobre a imaginação das forças. Trad. Paulo Neves da Silva. São Paulo: Martins Fontes, 1991.

BARROS, Manoel de. *Gramática Expositiva do Chão.* Rio de Janeiro: Record, 1999.

CALVINO, Ítalo. *Por que ler os clássicos.* Trad. Nilson Moulin. São Paulo: Companhia das Letras, 2007.

_____, Ítalo. *Seis Propostas para o Próximo Milênio.* Trad. Ivo Barroso. São Paulo: Cia. das Letras, 1999.

_____, Ítalo. *Todas as Cosmicômicas.* Trad. Ivo Barroso, Roberta Barni. São Paulo: Companhia das Letras, 2007.

DURAND, Gilbert. *O Imaginário:* Ensaio acerca das Ciências e da Filosofia da Imagem. Trad. René Eve Levié. Rio de Janeiro: Difel, 2004.

GLEISER, Marcelo. *Poeira das Estrelas*. Textos de apoio: Frederico Neves. São Paulo: Globo, 2006.

JURKOWSKI, Henryk. *Métamorphoses:* la marionnette au xx siècle. Trad. Eliane Lisboa, Gisele Lamb e Kátia de Arruda. Charleville-Mézières: Éditions Institut International de la Marionnette, 2000.

MAFFESOLI, Michel. *Elogio da Razão Sensível*. Trad. Albert Chistophe Migueis Stuckenbruck. Petrópolis: Vozes, 2005.

NOVAES, Adauto. (Org.) *Muito Além do Espetáculo*. São Paulo: SENAC, 2005.

PAREYSON, Luigi. *Estética:* Teoria da Formatividade. Trad. Ephraim Ferreira Alves. Petrópolis: Vozes, 1993.

PAVIS, Patrice. *A Encenação Contemporânea:* origens, tendências, perspectivas. Trad. Nanci Fernandes. São Paulo: Perspectiva, 2010.

RANGEL, Sonia Lucia. *Olho Desarmado:* objeto poético e trajeto criativo. Salvador: Solisluna, 2009.

_____, Sonia Lucia. *Trajeto Criativo*. Salvador: Solisluna, 2015.

_____, Sonia Lucia. Teatro de Formas Animadas: Um Pensamento Visual. *Revista Repertório Teatro e Dança*. Programa de Pós-Graduação em Artes Cênicas, Salvador, ano 2, nº. 3, p.105-108, 1999-2.

_____, Sonia Lucia. A máscara expandida um devir poético na interface visualidade-teatralidade. *Revista Repertório Teatro e Dança*. Programa de Pós-Graduação em Artes Cênicas. Salvador, ano 15, nº. 19, p. 199-204, 2012-2.

_____, Sonia Lucia. Imagem como Pensamento Criador: Trajeto entre Poesia, Visualidade e Cena em Protocolo Lunar. *Móin-Móin: Revista de Estudos sobre Teatro de Formas Animadas*. SCAR - Universidade de Santa Catarina. Jaraguá do Sul, ano 10, nº. 12, p. 49-61, 2014-2.

_____, Sonia Lucia. Processos de Criação: Atividade de Fronteira. *Congresso Brasileiro de Pesquisa e Pós-Graduação em Artes Cênicas*: Os trabalhos e os dias das artes cênicas: ensinar, fazer e pesquisar dança e teatro e suas relações, 4. 2006, Rio de Janeiro. Memória ABRACE X, Rio de Janeiro: 7 Letras, 2006, p. 311-312.

SILVA, Juremir Machado. *As Tecnologias do Imaginário*. Porto Alegre: Sulina, 2003.

WINNICOTT, D. W. *O Brincar & a Realidade.* Trad. José Octávio de Aguiar Abreu e Vanede Nobre. Rio de Janeiro: Imago, 1975.

VALVERDE, Monclar. (Org.) *As formas do sentido*. Rio de Janeiro: DP&A, 2003.

Dona Domingas (Sonia) abre e "acende" o livro Bola: "A Criatura sem o Criador ou Todas as lições desde que o mundo é mundo" volume I de sua biblioteca

Breve currículo do Grupo Os Imaginários

2007 *Ciranda de Histórias*, musical infanto-juvenil, apresentado em Salvador e Lauro de Freitas com texto dramático publicado: RANGEL, Sonia e turma 2004 a 2007 da Licenciatura em Teatro da UFBA. *Ciranda de Histórias*: construção coletiva de poesia e conhecimento. Cadernos do GIPE-CIT – Grupo Interdisciplinar de Pesquisa e Extensão em Contemporaneidade, Imaginário e Teatralidade, do PPGAC-UFBA Salvador, n. 23, p. 91-132, out. 2009.

2007-2009 *Fragmentos*, animação com Beckett, espetáculo que participou de vários festivais locais, nacionais e internacionais. Premiado pela pesquisa em grupo no 22º. Festival Internacional de Teatro Universitário de Blumenau; e pela Iluminação de Bira Azevedo e Rubenval Menezes no Festival de Lauro de Freitas/ Ipitanga.

2011-2013 *Protocolo Lunar* estreou em Salvador no Teatro Martim Gonçalves, no Prêmio Braskem de Teatro 2012, ganhou o Prêmio Especial pela iluminação de Pedro Dultra e foi indicado como melhor espetáculo infanto-juvenil. Ganhou Prêmio Funarte de Teatro Myriam Muniz 2011 e em 2013 fez temporada no Projeto Teatro vai a Escola.

Surdo na Lua
acena para a Terra
antes de descer

Ficha técnica nas temporadas do Prêmio Funarte Myriam Muniz

Dramaturgia e Direção Sonia Rangel

Codireção Enjolras Matos

Elenco Adiel Alves, Camila Guimarães, Claudio dos Anjos, Heyder Moura, Isis Fraga, Ricardo Stewart, Ruth Marinho, Sonia Rangel, Yarasarrath Lyra

Participação especial no poema gravado Harildo Déda

Direção e Participação musical
Thales Branche (violão) e Zé de Rocha (acordeon)

Preparação Corporal Saulo Moreira

Cenário e Figurino Sonia Rangel

Criação e Realização dos bonecos
Jeane Sánchez, Juliana de Sá, Rita Rocha, Sonia Rangel, Wilson Júnior, Yarasarrath Lyra

Criação de Luz Pedro Dultra

Operação de Luz Marcus Lobo

Filmagens para a cena Mariana Dornelas (Oi Kabum)

Computação Gráfica Leandro Sena (Oi Kabum)

Operação de Som e Imagens Moisés Victório

Maquiagem Renata Cardoso

Fotografia Isabel Gouvêa

Costureira Alzair Brito

Carpintaria Ademir França

Metalurgia Lico Santana

Produção Sonia Rangel

Assistente de Produção Yarasarrath Lyra e colaboração de Os Imaginários

Consultoria de Imprensa Mary Weinstein

Trupe de atores na coreografia final. Os personagens-bonecos retornam à cena em filme projetado no telão

solisluna editora

Este livro foi editado em outubro de 2015 pela Solisluna Design Editora, na Bahia. Impresso em papel couché 115 g/m², pela Gráfica Viena, em São Paulo.